# コラムで学ぶジャーナリズム

●グローバル時代のメディアリテラシー

金井啓子
Keiko Kanai

Learning about Journalism through Columns: Media Literacy in the Global Era

ナカニシヤ出版

コラムで学ぶジャーナリズム　目次

## パート1　グローバル化社会で求められるメディアリテラシー


第1章　大学におけるジャーナリズム教育の意義……4
1　情報の受発信が誰にでもできる時代に　4
2　記者としての日々　6
3　記者から教員への転身　9
4　記者を育てる夢はかなうのか　9
5　記者にならなくても　16
6　グローバルな視点を持った市民となるために　17
第2章　ジャーナリズム教育の研究……21
1　記者の経験は古びていく　21

2 記者研修を研究対象に 22
3 取材活動は情報受発信のノウハウの宝庫 25
4 研究者たちとの出会いを経て 27
5 記者であり続ける 30

パート2 大学での出会い

第3章 「今どきの」若者たち …… 34
1 悩み深き就活 35
2 若者は本当に政治に無関心なのか 47
3 垣間見える今どきの若者気質 52

第4章 ジャーナリズム教育の現実、報道のあり方 …… 58
1 ジャーナリズムを教室で伝える 59
2 記者として見えたもの 64
3 報道のあり方を問う 67

4　ネット全盛時代のジャーナリズムとは　77

## パート3　東京とは違う尺度でモノを見る

第5章　グロ－バルな見方で日本を眺めると……84
1　グローバルな目線を養うには　85
2　日本の姿を客観的に見ると　99

第6章　地方のいまと未来……106
1　都市に負けない田舎の魅力　106
2　関西をもっと輝かせて　113

第7章　「維新」が大阪にもたらしたのは……122
1　維新の足跡をたどる　122
2　変わりゆく政治の姿　139

## パート4　日本が直面する課題

第8章　東日本大震災が遺したもの
——防災、原発問題——　146
1　復興の道筋　146
2　来たるべき大災害への備え　154
3　原発はどこへ向かうのか　161

第9章　農業と食　168
1　浜美枝さんから学生たちが受け継いだもの　168
2　食へのこだわり　176

第10章　社会全般　184
1　日本社会と自殺　184
2　高齢化社会でどう生きるか　188
3　マナーは他人のためだけではなく　192
4　多様性を許容する社会へ　202

5 政治を守るには 213
6 先達に学ぶ 216
おわりに 221
■コーヒーブレイク
① 文章がうまくないと記者になれないのか 15
② わかりやすい文章を書くために意識すべきポイント2つ 26
③ 相手の答えの中に次の質問を探す 42
④ 質問することを恐れない 57
⑤ 記者に一番必要なものは何か、記者たちに聞いてみた 76
⑥ 人の話はまず疑ってかかる、それが記者の身上 81
⑦ 情報は偏見なしに幅広く拾い集める 105
⑧ 話をどうやって聞き出すのか 112
⑨ 権力の言いなりにならないことを信条に 143
⑩ 最悪の事態に直面した時、必要とされるのは 160
⑪ 公平性を保ち、中立的な立場に立つこととは 166
⑫ 多面的な切り口をどう見つけるか 183
⑬ ネタ探しに欠かせない日常生活の観察 201
⑭ 取材相手を守り、気持ちや立場を慮ることの大切さ 220

# コラムで学ぶジャーナリズム

――グローバル時代のメディアリテラシー――

パート1

# グローバル化社会で求められるメディアリテラシー

# 第1章 大学におけるジャーナリズム教育の意義

## 1 情報の受発信が誰にでもできる時代に

インターネットの普及によって、世界中のどこかでネット上に打ち込まれた情報が、たとえどんな離れた場所にいたとしても瞬時に受け取れる時代となって久しい。その一方で、自分がなんらかの情報を発信したいと願った時、ネットにつながる環境にさえあれば、どこにいても世界中の人々に向けて自分の言葉を即座に発信することも可能になった。

情報を集めて発信することが誰にでも簡単にできるようになった今、それを専門の仕事としてきたジャーナリストの仕事はもはや不要なものと考える人たちもいるようだ。だが、そんな今だからこそ、情報を求めるべき相手である情報源の質を見極め、情報の真贋を明らかにし、集めた情報を分析し、万人が理解できるわかりやすい形で情報を世の中に送り出すことができるプロのジャーナリストを育てることの大切さが浮き彫りになってくる。それは、いい加減な情報源から生み出された情報が、デマか事実のいずれであるかも検証されないままに、時には大きな偏りを持った形で、しかも非常に誤解を生みやすいような文章で、世の中を飛び交う状況がはびこっているからである。

ただし、情報の取り扱いに関して、プロのジャーナリストだけを育てていれば、それで事足りるわけではない。世の中を見渡せば、ジャーナリストとそうではない人の割合は後者の方が圧倒的に多い。その圧倒的多数の人たちがいま無数の情報に毎日さらされ、翻弄されている姿が浮かび上がってくる。

たとえば、凶悪な犯罪が発生すると、容疑者とされる人物の個人情報がネット上にさらされることが昨今少なくない。その人物が本当にその犯罪を行った当事者であったとしてもこれは問題であるが、さらにひどいのはその人物が全く無関係な場合もあるという点である。その他にも、軽微だが犯罪にあたる可能性がある自分や友人の行為をいたずら心で写真や動画に収めてネット上に載せ、それが見知らぬ人たちによって何千倍、何万倍にも拡散されていく例もある。犯罪行為そのものは許すべきではないが、その議論はさておき、そうした軽率な行為によって結果的に社会的な地位を失うことにつながりかねない状況は、かつてより明らかに増えているのだ。

このように、情報の扱い方を誤ったためにトラブルに巻き込まれる例は、まだまだいくらでも挙げることができる。正しい情報を発しているのは誰なのかを見極め、自分が接した情報がデマなのか事実なのかを見抜き、他の人々にも知らせる必要がある情報を手にした際には相手がきちんと理解できる形で提供できるように、その方法を学んでいれば、それが自分自身を守ることにもつながってくる。それが、昨今よく耳にする「メディアリテラシーを高める」ということだろう。

ちなみに、総務省はこの「メディアリテラシー」を、①メディアを主体的に読み解く能力、②メディアにアクセスし活用する能力、③メディアを通じコミュニケーションする能力で特に情報の読み手との相互作用的コミュニケーション能力、という3つを構成要素とする複合的な能力のこと、と定義している。

筆者は、外資系通信社で記者生活を送った後に大学教員に転じジャーナリズム論を研究しているという背景を持っている。ジャーナリズムの現場に身を置いた経験を持つ大学教員として、ジャーナリズム教育を通じて学生たちのメディアリテラシーを高めることこそが、果たすべき役割であると今までになく強く感じている。

## 2 記者としての日々

2年間の留学生活を経てアメリカの大学を卒業して帰国した筆者は、留学前に通っていた東京の大学に復学して半年後に卒業、ロイター通信（現在のトムソンロイター、以後「ロイター」）に入社した。

ロイターと言えば、大きな事件や事故が発生した際に迅速にニュースを報じる報道機関というイメージが強いだろう。筆者自身が就職活動を行っていた時もそういうイメージを抱いていたし、自分が入社すればそういった「一般ニュース」を取材するのだろうと思い込んでいた。だから、採用面接で面接官に「今回新卒の学生を募集しているのは、経済記者を雇うためです。君はそれで大丈夫ですよね？」と尋ねられた時は驚いたし戸惑った。ロイターは当時、機関投資家向けの経済金融情報の発信に多くの人員を割く方向に既にシフトしていたのだった。

　大学で履修した経済関連の科目はたったひとつ。しかもその成績が悪かったために不安は強かったが、とにかく記者になりたい一心で経済の取材にも挑戦しようと覚悟を決め、無事に内定通知を手にすることができたのだった。心の中には「とにかく入社さえすれば、いずれ経済ではない取材もできるかもしれない」という思いも実は抱えていた。

　結果的には、1990年に入社して18年後にロイターを退社するまでずっと、経済に関する取材を行い英語や日本語で記事を書く記者、経済記事を担当するエディター、英文で書かれた経済記事の翻訳者としての仕事に携わることになる。入社当時に配属となった東京支局では外国為替《かわせ》市場や債券市場を担当したり、日本銀行、大蔵省（当時）、経済企画庁（同）などを取材して経済や金融に関する政策についての記事を書いた。1990年代半ばにロンドンに駐在した3年半の間には、サミットやG7などの国際会議を取材したこともあれば、ヨーロッパに進出していた日本企業を訪れて話を聞いたりもした。1999年から2003年にかけて大阪に駐在していた間には、関西一円の企業めぐりをして外国人投資家が関心を寄せる銘柄について特に詳しく取材をしたりした。あれほど苦手意識が強かった経済ネタの取材は確かに難しいことは難しかったが、勉強を続けたし、何よりも取材先には知識を持つその分野のプロが揃っている。彼らや社内の先輩たちには随分助けてもらった。

　ロイター社内には一般ニュース部門もあったが、在籍中その部門に配属されることはなかった。ただし、ロイターには、たとえ経済が担当であっても担当業務さえきちんとこなせばそれ以外の出来事を取材する自由が与えられていた。そのおかげで、スポーツや音楽、ファッションなどの記事を書く機会にもめぐまれた。だが、同じ出来事について記事を書くにしても、日本のことをよく知っている日本国内の読者に向けて情報を発信する日本のメディアと同じ切り口で書くわけにはいかない。外国人にとって日本のどんな情報が必要とされているのかをよく理解したうえで、日本を客観的に観察して、新鮮な切り口の記事を書くことが常に求められた。記事のアイディアを提案しても却下されたことがしばしばあり、1本の記事が出来上がるまでに毎回本当に苦労したことを今でも鮮明に記憶している。

ところで、スポーツ、音楽、ファッションなどの記事を書く際は事前準備をする時間が比較的多く与えられるが、突発的な事件や事故が起きた場合にはそんな余裕はなく、あっという間に現場に放り込まれる。筆者にとっては、2001年に発生した大阪教育大附属池田小学校の児童殺傷事件がそれだった。当時大阪支局に駐在する唯一の記者だったため、午前中に事件が発生すると現場に急行。夕方になって東京支局の同僚が大阪に到着するまで、ひとりで全てをこなさねばならなかった。下校途中の児童をつかまえて話を聞き、学校周辺の写真を撮り、病院から死者・負傷者の情報をもらい、警察からは容疑者や事件の状況について話を聞いた。筆者の身体はひとつだが状況は同時進行していくため、優先順位をつけながら移動しなければならない。また、誰もがすんなり取材に応じてくれるわけではない。とりわけ警察との間では、最低限の情報を引き出せるまでの交渉に相当な手間がかかった。

経済ニュースの取材ではたえまない勉強と取材先との継続的なやりとりが求められ、一般ニュースでは幅広い知識や柔軟な対応能力が必要とされ、どちらも入社当初の想像をはるかに超えた難しさを持った仕事だった。だが、こうした経験が、後に教員に転じてから学生たちに伝える内容の幅広さに寄与してくれることになった。

## 3　記者から教員への転身

転機はひょんなことから訪れた。大阪の近畿大学の文芸学部で新たな学科を作るためにジャーナリストの経験を持つ教員を募集していると、知人から耳にしたのだ。その学科で学生たちは英語を中心に学ぶ。ただし、英語を勉強したうえでさまざまな分野で働く学生を送り出すことを新学科の「売り」にしようとしており、メディア業界を目指す学生も呼びこもうとしていたのだ。そのため、記者として英語も使いながら国内外で働いた経験を持つ候補を募集していたのだった。

当時の筆者にロイターをやめたいという強い思いや動機があったわけではない。ただ、入社して十数年経っていたこともあって、自分で取材をして記事を書くよりも、エディターとして若手の記者の記事を修正したりアドバイスを与える立場に立っていた。それもあって、大学で後進を育てるという仕事に心を動かされ、転身を決意したのだった。

## 4　記者を育てる夢はかなうのか

教員生活は２００８年春にスタートした。筆者に転職を促した最大の動機は、「英語を使いながら取材をして記事を書く記者」となる後進を育てることであり、これは同時に筆者の夢でもあった。文芸学部で英語を中心とする学科に4年在籍した後に、同じ大学の総合社会学部でマスメディアを中心に教える専攻に移籍したが、夢そのものは全く変わっていない。

大学では教え子たちに、ジャーナリズムによって報じられているニュースの内容に英語および日本語で触れさせ、その内容について考えさせ、ジャーナリズムにおける問題点が何であるかを意識させるよう努めている。だが、それだけではなく、新聞や雑誌、インターネットに掲載された情報を読者にわかりやすく見せるためにどのような工夫がなされているのかを考えさせ、その延長として「自分ならばどうわかりやすく見せるか」を提案させることもある。つまり、報道の内容だけではなく見せ方にも目を配る、総合的な意識を育むように心がけているのである。

さらに、学生自身が「記者」になる授業もある。これは3年生と4年生で筆者のゼミに所属することが決まった学生を対象としたものだが、社会でいま起きている出来事の中からテーマを選び、参考文献などによって下調べを行い、取材の企画を立てて、インタビューしたい相手に取材を申し込み、インタビューをして、記事を書くという一連の作業を行う。これによって、ニュースが生まれてくる過程を学生たちは体感することになる。ニュースというといわゆる「完成品」だけを見てあれこれあげつらうよりも、それを生み出す側の作業や苦労、楽しみにも触れたうえで、批判すべきところはするという習慣をつけてもらうという意味合いも込めている。筆者だけでなく他の教員が担当する授業でも、現役の記者をゲストとして招いて話してもらう機会があり、学生たちにとってさまざまな発見の機会になっているようだが、自分自身の生の体験も大切にしてほしいという思いを筆者は非常に強く持っている。おそらくそれは、筆者自身が記者の経験の中から学び取ったものが多いことも影響しているだろう。

ところで、「英語を使いながら取材をして記事を書く記者を育てる」ことが筆者の夢だと書いたが、教員に転じて学生たちと触れ合ううちに、そのハードルが想像以上に高いことが少しずつ見えてきた。英語に興味を持つ学生は少なからずいる。また、マスメディア全般に関心を寄せる学生も多い。だが、その2つを組み合わせた仕事に就こうという学生が思いのほか少ないのである。2つの要素を組み込もうとすると、学生にとってハードルが高いのかもしれない。

さらに、もっと大きな壁が筆者の前に立ちはだかった。それは、記者という仕事の不人気である。筆者が現在所属している専攻はマスメディアや社会学を中心に教えているのだが、入学してくる学生がマスメディア業界の中で将来の仕事として目指すのは、広告や広報、テレビ局におけるバラエティ番組の制作、出版社のファッション誌編集、音楽、芸能などが圧倒的に多い。同じテレビ局でも報道部門を目指す学生は少ないし、新聞社や通信社で記者になろうと夢見る学生にはあまり出会わない。

近畿大学文芸学部論集『文学・芸術・文化』に筆者が寄稿した『現場の声に学ぶマスメディア入門』と題する文章にも書いたのだが、2010年度前期に文芸学部でジャーナリズム関連の筆者の講義を受講していた学生に対して「記者になってみたいと考えたことがあるか」というアンケートを実施したことがある。回答者がたったの13人と規模の小さい調査だったが、そのうちの実に9人が「ノー」と答えたのだった。この学生たちはどちらかと言えば、マスメディアよりも英語に強い関心を持っている傾向があったが、その要素を差し引いても大きい数字である。

「記者になってみたいと考えてみたことがない」理由も尋ねたところ、次のような答えが返ってきた。

「文章を書くことが苦手なのでおそらく記者は目指さない」

「人の話を聞きながらノートに書くのが苦手というのもあるが、私が記者になって仕事をしていることを想像できなかったからだ。人に何かを伝えることが自分にできるのか考えたとき、私には自信がないと思った」

「文章を書くのが上手ではないし、好きでもない。記者という仕事に全く魅かれないわけではないが、文章を書くということに対して自信がないし、普段から文章を書くことを面倒くさく感じてしまうことが多いので、記者になりたいとは思わない」

「文章を書くことが苦手だから。昔からあまり本を読まないし、作文というものが大キライだった。だから、私は記者に不向きだ」

「プライベートの時間と仕事の時間が混合しているように感じる。私は、社会人になっても、仕事一筋で生きていこうとは思わない。家庭を作り、その家庭と友人との時間も大切にしたい。もし記者になれば、大きな事件が起きるとすぐに仕事をしなければならない。すると、家庭をあまり大切にすることができない。私は家庭と仕事を両立させたいので、記者にはなりたくない」

「働く時間や休みがイレギュラー過ぎるということと、一分一秒を競い合う世界は、想像するだけで頭が爆発してしまうのではないかと思われるほどストレスを感じるからだ。最近では、ネット配信などもあり、昔よりも一分一秒を縮めることが重要になっているので、精神的に辛そうだからだ」

「記者というと、たくさんの人にインタビューをして、記事作成をしなければならないという、少し厳しい世界でしんどい職業だという印象がある。また、ジャーナリストと聞くと、世界各地に飛んで取材をし、命の危険と隣り合わせであるという、怖い印象がある」

「私も真実を知りたいという気持ちももちろんあるが、ニュースを見たり、話を聞いたりする中で、ジャーナリストに対して、やりすぎではないかと思うことが多くある。私の性格上、真実を知るためにそこまでやることは難しい」

「傷が癒えていない遺族に話を聞いたりして、よけい傷をえぐるという記者のイメージが私にはある」

こうした「ノー」の理由は筆者にとって非常に興味深く感じられた。筆者自身、記者という職業があまりに身近であったためか、記者ではない人たちが記者に対してどのようなイメージを持っているのか、そしてそのイメージによって彼らがどれぐらい影響を受けているのか、ということが十分に把握できていなかったのである。

時間が不規則、危険でしんどい、記者は取材対象に対してしつこすぎる、といった指摘は当たっている部分がなくはない。しかし、文章が苦手だから記者は目指すべきではないという考え方には、記者の仕事がやや誤解されている部分があると感じる。

記者という仕事への関心が低いのは、筆者が接した学生がたまたまそうだったという局地的な現象であれば、それほど問題視する必要はないかも知れない。しかし、そうではなくあまねく広がった現象であると仮定すれば、ジャーナリズムの将来といった大きな課題が見えてくる。だから、学生に対しては、記者に対するイメージの誤解を解いていくと同時に、記者の仕事の魅力を具体的に伝えることが、筆者自身の任務であり、マスメディア業界に今いる人々が取り組まねばならない課題ではないだろうかと考えている。

一方、前述のアンケートで「記者になってみたいと考えたことがあるか」という問いに「イエス」と答えた4人の学生が挙げた理由も、ここに示しておきたい。

「海外の様子を自分の目で見てみたい。常に新しい発見をもたらしてくれそうな職業だと思う」

「自分には無縁だと思っていた職種の人とたくさん出会えるのは、記者ではないかと気づいた。人が話したことに感銘を受け、書く。だから、また別の人の心を動かす。機械には出来ないことだから、記者に魅力を感じた」

「たくさんの人に伝えられる力がある仕事だと思った。今まで自分が経験して嫌だったこと、悩んだことを伝えることによって、同じような悩みを持つ人が1人でも共感し、その人の人生が少しでも明るくなるといいと思った」

「小6の頃、『世界がもし100人の村だったら』という本を先生に紹介されたとき、なぜか泣いてしまった。当時の私には信じられない世界を教えられたからだと思う。貧しい人と裕福な人、安全な所にいる人といない人、文字が読める人と読めない人など、世界の格差をもっと知りたいと思った。この時の私の夢は世界に出て行って、さまざまな人と出会うこと、要するにジャーナリストに近いものになりたかった。しかし、私1人が行動しても、世界はあまり変わらないかもしれないと思い、多くの子どもたちに世界の現状を伝えようと感じて、教師になりたいと思った。しかし、この夢の根源はジャーナリストになりたいという気持ちからだった」

筆者が教員になってからの時間は記者生活よりもまだずっと短い。それでも、記者を志望する数少ない教え子の中から夢をかなえる学生が既に誕生した。記者になるという夢を持つ学生がいる限り、彼らの背を押し続けていきたい。また、少しでもそういった夢を持つ学生が増えるよう、記者を取り巻く厳しい現実を共有しつつ魅力も伝える役目を果たしていきたいと考えているところだ。

### コーヒーブレイク❶

## ●文章がうまくないと記者になれないのか

「記者になりたいけれど、文章を書くのがうまくないから無理」という言葉を時々耳にする。だが、実はそうではない。文章がうまいことと、いい記者であることは必ずしもつながっていないのである。

事実、いわゆる「優秀な記者」とされる人の中には、悪文しか書けない人が少なからずいる。にもかかわらず、なぜその人たちは優秀とされるのか。それは、記者の仕事の最優先事項は、伝えるべき情報つまり中身が取ってこられるかどうかだからである。

誰も気づいていないことに関心を持って掘り起こし、それが事実であるかどうかを確認する能力や、誰かが全力で隠そうとしている何かを公《おおやけ》にさせる能力の方が、記者にとってよほど大切なものである。

とは言え、記者だって文章力が全く必要ないわけではない。小説家のような、いわゆる美文を書く必要はないが、自分が拾ってきた情報を誤りなく伝えることができる言葉を操る最低限の能力だけは身につけておかなければならない。

## 5 記者にならなくても

記者になりたいと願う学生が多くはないと書いた。そして、そのことは筆者の大きな悩みのひとつでもある。だが、だからと言って、記者志望ではない学生がジャーナリズムについて学ぶことが全く不要であるとは言えない。むしろそういった学生にとっても十二分に有益な教育であると考えている。

ノンフィクションライターの藤井誠二さんは、大学で「取材学」や「ノンフィクション論」を教えた経験を『大学生からの「取材学」——他人とつながるコミュニケーション力の育て方』という著書にまとめている。学生たちに取材をさせルポを書かせている藤井さんはその本の中で、取材という作業について「人とつながることであり、わかり合うことであり、通じ合うこと」だと定義し、「取材のスキルには普遍性があり、メディア業界以外の日常でも「使える」もの」だと書いている。さらに、「営業の仕事であれ、人の悩みを聴く仕事であれ、介護の仕事であれ、犯罪をした疑いのある人を取り調べる仕事であれ、さまざまな職業で「使え」」るとしている。

筆者もこれには全面的に賛成である。記者に必要とされる資質が、必ずしも記者にのみ必要なものとは限らないからである。3年生と4年生の金井ゼミでは、取材をして記事を書くことになっていると前述した。筆者のゼミに所属する学生の中で記者を目指している学生は多くない。それでも、社会でいま起きている出来事の中からテーマを選び、参考文献などによって下調べを行い、取材の企画を立てて、インタビューしたい相手に取材を申し込み、インタビューをして、記事を書くという一連の作業を、たとえば大学卒業後に一般企業の営業職に就く学生が行ったと考えてみよう。顧客が抱えている問題点を調べて探し出し、アポを取って会いに行き、事情を詳しく聞いて、解決策を考えて提案書を作って提示し、解決に導く。ゼミで「記者」として教育を受けた経験は、将来のそういった業務に十分生きるのではないだろうか。

## 6 グローバルな視点を持った市民となるために

記者志望ではない学生にジャーナリズムの勉強が役立つのは、それだけではない。記者志望であろうとなかろうと、学生たちは世界中のあちこちで発生する出来事に囲まれ影響を受けながら、日々の生活を送っている。卒業すれば、多くの学生たちが自立してゆくことになり、日本の国内外の展開によって自分の生活が影響を受ける確率は確実に高まる。つまり、半径3、4メートル以内のことにだけ関心を持っていては生活が成り立たなくなるのだ。「グローバルな視点を持った市民」であることが、自分の生活のために必要不可欠となってくるのである。

グローバル化の時代という声がいつになく高まっている。日本という国は江戸時代末期に鎖国を解いて以来、いくつかの戦争を経ながらも、絶えず他国と関係を結び続けてきた。そうした動きは、経済面でも文化面でもずっと継続してきたが、どちらかと言えば日本の人々が国外へ出て行って、外国の影響を受けてそれを日本に持ち帰るという比率が高かった。

だが、近年は、むしろ日本を訪れる外国人や海外に住む外国人に対して日本のことをきちんと伝える重要性が高まっている。少子高齢化によって労働力不足に直面した日本が外国人労働者を積極的に受け入れる必要性が強まったり、実にさまざまな異なる言語を話す外国人観光客が日本の至るところを訪れている状況からも、それは明らかだ。

「ジャパンって、アジアの大きな大陸のはじっこにちょっと飛び出てる「半島みたいな所」だよね？」

これは、１９８０年代終盤にアメリカの東海岸にある大学に留学していた筆者が、友人のアメリカ人男性に言われた言葉である。彼は筆者が日本人であると知ったうえで仲良くしようと思ってくれるぐらいの人だから、決して日本を馬鹿にしているわけではないし、差別的な気持ちは持たず、そんな言葉を吐くことも決してない。ただ単純に「知らない」だけだったのだ。それでも、アメリカへ渡るまでの約21年間一度も日本から出たことがなかった筆者には、これは大きな衝撃を与えた言葉であり、長い年月が経った今も強く印象に残っている。筆者にとって当たり前の「日本がどこにあるのか」を知らない人が存在することを、身をもって知った瞬間だったからである。

その後、地図を共に見ながら日本の位置をその友人に教えたことは言うまでもない。だが、日本の位置程度ならば簡単に教えられるが、アメリカ留学中に筆者は周りの人々から日本という国についてさまざまなことを尋ねられ、「自分がいかに日本を知らないか」を思い知らされる経験をした。日本の歴史は断片的にしか理解できておらず、近現代史となるとお手上げ。特に日本が戦火を交えたアメリカに留学生として学ぶ身としては、日米の歴史的なつながりに関してもっと詳しく学んでおくべきだったと何度も後悔した。また、文化的なものに関しても知らないことばかり。日本の工芸に詳しく自らも技術を習ってアクセサリーを作るほどのアメリカ人女性と知り合って、世界に誇る日本の技術について逆に教えてもらうようなこともあった。

日本に関する知識が欠けている一方で、留学生の筆者は他国についても本当に知識が不足していることを繰り返し痛感した。留学先はアメリカ人だけでなく留学生も積極的に受け入れている大学で、アジアやヨーロッパからも学びに来ていたが、中でも多かったのがアメリカへの距離が比較的近い中南米からの留学生たちだった。

たとえば、その中にモンセラートという所から来ている女子学生がいた。だが、その名前はおろか、それがカリブ海に浮かぶ小さな島であること、もともとは英国の植民地で今も英領であること等々、筆者は何ひとつ知らなかったのだ。インターネットが盛んになった今ならば、すぐに地図を検索して拡大して島の概要を見ることも可能だろう。だが、当時はパソコンはあっても検索が容易にできる状態ではなかった。だから、モンセラートという地名を聞いて地図帳で調べてみても、カリブ海にごく小さな点のように浮かぶ姿しかわからなかった。そんな状態でくだんの彼女と話していると、「この大学にいるみんなはアメリカ英語で話すけれど、私が話しているイギリス英語が「正しい英語」なのよ」と誇らしげに言われて驚いたことなども思い出される。

真のグローバル化を進めるということは、単に外国語が堪能な人を育てればよいわけではない。日本以外の国々の状況に詳しい一方で、日本の特徴や課題を客観的に理解したうえでそれを対外的にわかりやすく説明し、なおかつ必要に応じて交渉もできるような人を育成しなければならないことを意味する。こういった学びを求められている学生たちにとって、ジャーナリズムについて学ぶことは大いに有効であり、学んだことが将来に生きてくる。ジャーナリズムによって報じられているニュースの内容に英語だけでなく日本語でも触れること、その内容について考えること、ジャーナリズムにおける問題点が何であるかを意識すること、新聞や雑誌などの情報を読者にわかりやすく見せるためにどんな工夫がなされているのかを考えること――。こういった「学び」こそが彼らが「グローバル市民」として生きる力につながるはずである。

ちなみに、筆者の留学時代に日本が世界地図のどこにあるかわからない友人と話したこと、そして、カリブ海の小さな島出身の学生と出会ったこと、この2つの出来事は筆者が「記者になろう」と思い始めるきっかけとなった。それまでも、記者という仕事が存在することはもちろん知っていたが、自分自身がそれに就こうという気持ちは全くなかった。だが、その2つの出来事によって、「取材によって知り得た出来事をまだそれを知らない人に伝える、記者という仕事をしてみたい」と思うようになったのである。

# 第2章 ジャーナリズム教育の研究

## 1 記者の経験は古びていく

「あなたが記者として経験したことはどんどん古くなる。記者としての新しい経験はもう加わらない。にもかかわらず、自分の経験だけを学生に語るのでは限界が来る。だからこそ、経験から普遍的なものを導き出すことが大切であって、それが研究なのですよ」

これは、18年間にわたったロイターでの記者生活を終えて近畿大学での教員生活に転じた時、筆者よりもだいぶ前に新聞記者から大学教員に転身した経験を持つ先輩から言われた言葉である。

筆者は4年制の大学を卒業してすぐにロイターに入社した。大学院で研究した経験はない。最近は実業界で活躍した人が大学教員に転じる例が増え、学士号のみを持った人が教壇に立つことを見かけるようになってきてはいる。それでも、研究経験を持たないまま大学教員の職に就く例はまだまだそう多くない。

実務経験を買われて大学教員になったのだから、筆者が見聞きしたことを学生に伝えることがベストの教育であり、それが筆者に求められている任務なのだろうと当初は考えていた。だが、筆者が記者から教員に転じたのは40代前半。仮にこのまま60代半ばまで大学で教え続けるとしたら、教員生活は20年以上になる。つまり、記者としての経験だけを授業で学生に語り続けたとすれば、60代の筆者が学生に語る話は20年以上も前の記者としての経験だけとなってしまう。

この章の冒頭に掲げた先輩の言葉を聞いた時、「自分の経験は古びていく」という厳然たる事実に気づき、愕然《がくぜん》とした。そう、自分の思い出話ばかり繰り返し語るような先生に、誰が関心を持つだろうか。そう思った時、自分の経験から普遍的なものを導き出そう、そのためにはジャーナリズムについて研究する生活に入っていかなければならないと、背中を押されるような思いで決意を固めた。

## 2 記者研修を研究対象に

筆者が在籍したロイターでは系統立てた記者教育を行い、それを実践に生かすことを長年にわたって続けている。筆者も例外ではなく、在職中の18年間ずっとさまざまな形で研修を受けた。これを調査しジャーナリズム教育の普遍的な内容を導き出して成果をまとめれば、筆者の研究を深められると同時に、第1章で述べた教育にも生かせると考えている。

ロイターにおける研修の内容の一部について、筆者は既に日本新聞協会の『新聞研究』２０１２年9月号に書いている。「変わる取材環境と記者教育」と題する特集の中で「海外メディアの研修制度――ロイターの場合」という記事を執筆したのだった。この記事では、筆者自身の経験も盛り込んだが、それだけでは見える側面が限られると考え、ロイターにかつて在籍、または今も籍を置く記者経験者（特に新卒で入社した人）にインタビューした話も含めた。

海外メディアの記者教育の全貌は現時点では把握していないが、英米のメディアでは基本的に一から手ほどきをするケースは少ない。新米記者を採用したら、とにかく現場に放り込んで「先輩の技を見て盗め」と仕事を覚えさせる場合が多い。また、大学院でジャーナリズムの修士課程を終えたり、小規模のメディアで記者業のイロハを学び、規模の大きいメディアにステップアップしていくというやり方もよく見聞きする。そういった中で、ロイターが長年の本社だったロンドンで行ってきた新卒研修は例外らしい。そのため、英国の記者志望の人の間では非常に人気があり競争率も高いと耳にしたことがある。

新卒の記者たちの研修期間は、教室での研修と、実際の取材部門に一時的に配属されながら行う研修を織り交ぜながら1年以上続いていたが、筆者自身もこの一部に1994年に4カ月だけ参加したことがあった。筆者の場合は教室での研修のみだったが、それでも記者として遭遇しうる非常にリアルな設定を与えられての研修だった。

たとえば、架空の国で起きたクーデターも題材のひとつだったと記憶している。ひとりの研修担当者がさまざまな会見者（政府当局、警察、病院、軍、反政府側など）の役を演じ、それに対して研修生たちは質問をぶつけ、重要な情報が得られたらすぐに速報や記事を書く。新しい情報が入ればそれを盛り込んだ新たな記事を書く。教室内のプリンターからは研修生たちが記事を書きあげるたびに印刷する音が響き、焦りながら自分の記事に取り組んだことを、今でも鮮明に覚えている。

速報や本文記事を書いた後は、適切な内容の速報を出しているか、ロイターのルールに沿った記事の内容・構成になっているか、速報の速さ、速報を出してから本文を出すまでにかかった時間が厳しくチェックされる。正確性、公平性に加えて、速報性もかなり重視される。他の研修生が書いた記事と自分の記事を見比べることもあったが、同じ情報に接していながらどうして自分はこんな記事しか書けないのかと情けなく思うこともあった。

この研修では、記事の主題である主張を立証するための事実を必ず入れることも教えこまれた。「何となくそういう感じの記事になってしまった」場合には徹底的に突っ込まれる。また、事件や経済に関する出来事の背景や解説を入れるとき、一気に何段落も入れるのではなく、新しい展開と織り交ぜてうまく入れることも練習を繰り返した。

ロイターの研修のもうひとつの大きな特徴は、紛争地帯などでの取材のための研修があることだ。この研修を受けていない記者がそういった取材に就くことは認められていない。筆者自身はこの研修を受ける機会に恵まれなかったのだが、実際に研修に参加した人に話を聞いて、この『新聞研究』の記事に盛り込んでいる。ロンドン郊外にある研修施設にその人が5日間泊まり込みで受けた研修は、英海兵隊の退役軍人が運営する会社のプログラムにロイターが記者を送り込んだもので、研修そのものも退役軍人が担当した。紛争地帯などで自分や同僚の安全確保をどう行うかを学ぶのが目的とされるこの研修では、野外での訓練が大半を占めており、終始泥まみれになっていたらしい。地雷原を抜け出したり、腕を切断された人に救急措置を施して運んだり、女性記者をレイプさせなければみんな殺すと武装勢力から要求をされた時の対応を考えるなど、重苦しいが非常にリアルな内容が詰まっていたという。

その他にも、法律や倫理に関して学んだり、ソーシャルメディアへの対応を考えたり、記事の訂正のあり方について検討したり、といった多種多様な研修がロイターには用意されている。

これらの研修の土台となる情報が詰まっているのが、ロイターのジャーナリズムハンドブックである。もちろん、いくら研修を積んでも、ハンドブックに情報が入っていても、日々の報道の場面ではさまざまな課題に直面するし、誤りを犯すこともあるだろう。だが、日頃の積み重ねが研修やハンドブックといった形で集積されていれば、そういった窮地から脱する方法が見つかりやすいものと考えられる。

## 3 取材活動は情報受発信のノウハウの宝庫

記者にとって必要不可欠な両輪のひとつが事前研修で得る知識だとすれば、もうひとつの輪は、記者たちが実際の取材活動を経験する中から編み出した知見だろう。

そこで、実際に記者としての経験を積んできた人たちに対して聞き取り調査を行うことにした。調査のテーマは、①情報を収集するにあたってどのような下準備を行うのか、②取材対象から話を聞き出す際には何に留意するか、③自分が手にした情報の真偽をどのように明らかにするのか、④情報を発信するにあたってわかりやすく相手に伝えるにはどう工夫するのか、という4点に絞っている。ごくシンプルなテーマであるが、記者が情報を受信して発信するまでに要するのは、突き詰めるとここに行き当たるのだ。

対象とするのはロイターの記者に限らず、記者活動を現在行っているか、過去に行った経験を持つ人物であれば幅広く話を聞くことにした。所属する機関の国籍や特徴によっても、そしてフリーランスであるか組織に所属しているかによっても、答えは違ってくるのではないかと考え、より幅広い対象に答えを求めることにしたのである。

ちなみにこれは、本書執筆時点において現在進行中の活動である。この聞き取りの結果はいずれ分析してまとめていく予定を立てている。そして、その分析結果については、第1章で述べたように記者志望の学生とそうではない学生の双方に対する教育に還元していく所存だ。記者の取材活動におけるノウハウが、記者の卵たちにとって貴重な情報であることは言うまでもない。だが、記者を目指さない学生も社会に出て行けばさまざまな情報をきちんと取り扱えることが、生き残りのカギとなっていくわけであり、記者のノウハウはきっと役に立っていくことだろう。

コーヒーブレイク❷

## ●わかりやすい文章を書くために意識すべきポイント2つ

「わかりやすい文章を書きなさい」という言葉を今までに何度も耳にしたことだろう。記者にとっても、欠かせない能力である。だが、どういう文章を書けば「わかりやすい文章」を書いたことになるのか、把握するのがなかなか難しい。

だが、2つの点を心がけるとかなりわかりやすく書けるはずである。

ひとつめは、母語でない読者を意識するということだ。どういうことかと言うと、たとえば記者が日本語で記事を書いていたとしよう。その際に、日本語を母語としない人がその記事を読んでも、すぐに理解できるかということを意識するのである。と言っても、日本語の読解能力が劣っているだろうと決めつけて幼い文章を書くということではない。文法面に間違いがなく、内容が簡潔にまとめられているか。それを意識するだけで、わかりやすさが向上するはずである。

そしてもうひとつは、記事に書かれている内容について知識がない人が読んでも、理解できるだろうかと想像することである。記者の自分は知識を持って書いているから、つい難しいことをそのまま書いてしまいがちだ。だが、仮に自分が知識を持っていなかったらこの文章を読んですぐ理解できるのか。それを想像してみると、ていねいな説明を加えたわかりやすい文章が書けるようになってくるだろう。

## 4 研究者たちとの出会いを経て

教員に転じると同時に研究者としての生活も始めた筆者だが、最初は研究者として何をすべきなのか、率直に言って戸惑いの連続だった。実業界からアカデミックの世界に転じた人は、筆者に限らず、こんな思いを味わっている人が少なからずいるのだろう。

研究者および教育者としての生活に時間をかけて少しずつなじんでいったが、大きな転機となったのは日本メディア英語学会への入会だった。英語で記事を書いていたという前職での経験をふまえて入会を決めたのだが、結果的に筆者の研究生活を大きく後押ししてくれる状況につながった。この学会に入ったことをきっかけに、さまざまな研究者たちとの出会いがあったのである。

まず、この学会にいくつかある分科会のうち、メディア英語教授法・教材研究分科会に所属することになり、定期的に集まっては授業での実践などを報告しあうところから始まった。そして、分科会で出会った関西外国語大学短期大学部の村上裕美先生（授業学・認知文体論）が代表者となって、学術研究助成基金助成金／科学研究費補助金を得て、「大学英語教員の授業改善を促し授業力育成を可能にするポートフォリオ教材開発の研究」と題する研究を２０１２年度から２０１６年度にかけて進めるグループの一員として加わることができた。そのグループには、異なる研究分野を持つ研究者である高木佐知子先生（大阪府立大学、談話分析・語用論）、山田陽子先生（新潟大学、英語学）、笹井悦子先生（桃山学院大学他、授業学・アメリカ文学）も参加している。筆者も含む各メンバーは、ひとつの共通した英文を素材として使用して、各々の専門分野をそれぞれ生かして英語力を伸ばすための教材を作る作業を行っている。その作業を通じて大学教員が授業を行う力、つまり「授業力」を育成する方法を探るのが、この研究の大きな目的のひとつである。

英語教育は筆者の専門分野ではない。だが、既に習得済みの日本語力もしくは英語力を前提として、記者としてどう記事を書くのかを教育するということを中心に考えていた筆者にとって、ジャーナリズム的なモノの考え方がどのように英語教育に生かせるのか、教材に反映できるかという視点を得たことは、研究や教育の幅を大きく広げることにつながった。

日本メディア英語学会では、研究活動だけではなく、編集委員会に所属したり理事に就任するなどさまざまな経験を積む機会を与えていただいている。編集委員会では、２０１３年に『メディア英語研究への招待』という書物の共同編著者として、河原清志先生（金城学院大学、通訳翻訳学・認知言語学・メディア英語学）、仲西恭子先生（同志社大学・関西外国語大学、通訳・翻訳、批判的談話分析、英語教育）、南津佳宏先生（岡山県立大学、通訳翻訳学・語用論）とともに名前を並べるという経験を得た。

また、大学英語教育学会にも所属して、前述の科学研究費補助金による研究の成果を発表する機会を与えていただいている。

筆者が勤務している近畿大学では、当初文芸学部に所属していたことを先に書いた。そこで出会ったのがトッド・ソープ先生（体験学習・英語教育）である。革新的なアイディアにあふれたソープ先生からは、2008年に着任した当初から教育・研究の両面でさまざまな影響を受けたが、特に印象深いのが、先生が企画担当者のひとりとして数年前から年に一度開催してきた学生向けの模擬国連という行事である。場所を毎回変えて行われる模擬国連だが、2014年6月に神戸市外国語大学で開催された際に、筆者を講師として招いてくださった。模擬国連では、さまざまな国から参加する学生たちが自分自身の国籍とは関係なくいずれかの国の代表となる役割を割り当てられて、その年のテーマに沿って自分が代表する国の利益を実現するべく調査・分析を行い、他国と議論を行い合意に向けて調整しあっていく。そういった話し合いの様子をジャーナリストの役割を割り当てられた学生たちが取材する。筆者が依頼されたのは、ジャーナリストとしての心得を講演することだった。会議中の言語はすべて英語という状況の中で、筆者のスピーチに対して活発な質問が寄せられた。

## 5　記者であり続ける

この章の冒頭に、記者としての筆者の経験は古くなっていくばかりだと書いた。確かに今は教員を本業としている。ただし、ロイターをやめて教員になったからと言って、ジャーナリズムの世界からすっかり足を洗う必要があるとは考えていないし、そうありたいとも願っていない。むしろいつまでも二足のわらじを履いていたいという思いが強い。「取材をして情報を発信する」という作業は、どこにいてもできるのだ。まして、このインターネットが盛んな時代ならばなおさらだ。

幸いなことに、筆者の場合、2つの新聞社がそういった場を与えてくれた。ひとつが、米ウォール・ストリート・ジャーナル紙の日本版であり、もうひとつが大阪の地元紙、大阪日日新聞である。前者では、2011年1月から2012年6月まで「金井啓子のメディア・ウオッチ」（2011年11月からは「金井啓子のニュース・ウオッチ」に改題）でコラムを50本近く書いた。また、後者では2010年7月から毎週の連載が始まったコラム「金井啓子のなにわ現代考　世界の現場からキャンパスへ」が2015年現在も続いており、その数は250本を超えた。

一口にジャーナリズムの業界で記者として働くと言っても、その仕事の内容や形態は多様である。日本のメディアなのか外資系なのか、という点ひとつをとっても随分異なる。筆者が働いていたのは世界的なネットワークを持つ通信社であり、ターゲットとする読者や、日本に関する読者の知識量といった点などで、日本の通信社や新聞社、テレビ局で働く記者とはかなり違う経験を積んできたことは間違いない。外資系通信社の記者として筆者が求められていたのは、日本のことをあまり詳しく知らない読者に向けて、日本で起きた出来事、または日本に関連する出来事を伝えることだった。日本に関する説明を加えることによってニュースの背景を明らかにし、世界全体から見てそのニュースがなぜ重要なのかを読者によりよく理解してもらうことが絶えず求められていた。

そして、2008年からは大阪の中でも下町色の強い東大阪というローカルな町にキャンパスを置く私立の近畿大学で、筆者はメディアに関心を持つ学生たちを教えることになった。

そういった背景を持つ筆者が、多岐にわたる問題についてグローバル、ローカル双方の視点で見つめ、ウォール・ストリート・ジャーナルと大阪日日新聞という、グローバルとローカルの対極とも言える新聞に寄稿してきたことは、少なからず意義があったと自負している。扱ってきたテーマは、ジャーナリズム教育、報道のあり方、今どきの若者たち、グローバルな視点で見た日本、地方の今と未来、現大阪市長の橋下徹氏が率いる大阪維新の会がもたらしたもの、東日本大震災が遺した課題である防災や原発の問題、農業と食など、その範囲は広く、かつ深い。

本書では、特に大阪日日新聞に掲載してきたコラムを系統立ててまとめることにより、ジャーナリズム論に関する筆者自身の研究内容を今後さらに深めることにつなげられるだけでなく、他の研究者の方々に読んでいただくことによって、関連した研究分野に多少なりとも貢献することができるのではないかと考えている。さらに、研究者だけではなく、学生に対しても、ジャーナリズムについて学びながら多くの社会現象に目を向けることの大切さや、固定した考え方にとらわれないことの重要性を伝えられる一冊にしたいと考えている。

ただし、これまで執筆したコラムをただそのままつなげたのでは、十分な効果を生み出せるとは考えられない。そこで、コラムにおける執筆内容を加筆修正し整理したうえで、次章以降に示していきたい。なお、各コラムの末尾にある日付は、そのコラムが掲載された大阪日日新聞の日付を示している。また、コラムの内容は当時の状況に即して書かれていることを付記しておく。

# パート2

# 大学での出会い

第3章

# 「今どきの」若者たち

メディアに登場する若者たちのイメージはどうしても単純化されがちである。筆者自身、記者時代には取材対象となるのはほとんどが30代以上であり、10代から20代の若者に直接触れ合う機会は少なかった。だから、「今どきの若者はあまり車を運転したがらない」「近頃の若い人は海外に対する興味が薄い」などと聞けば、そういった話を鵜呑《うの》みにしていた。

大学教員に転じてから、10代後半から20代前半の人々と直接話をする機会が圧倒的に増えた。また、近年の大学では少人数クラスでの教育を重んじる傾向が強まったこともあって、学生たちとの距離が縮まり、深く突っ込んだ話をするチャンスにも恵まれている。すると、当たり前と言えば当たり前なのだが、「今どきの若者」とひとくくりにできるほど、若者たちは均質化していないことに気づく。若者に共通する行動や思考パターンなどももちろんあるのだが、さまざまな面を持つ多様な人間の姿が浮かび上がってきたのである。

## 1 悩み深き就活

### 就職「超氷河期」 自信持って成長を

就職の「超氷河期」が続いている。内定を受けても、後になって取り消されることは珍しくない。企業にすれば、不景気で当初の業績見込みが大幅に狂い、新入社員を養っていけそうもなくなり、やむなく取り消しに動くという事情も理解できなくはない。だが、内定を取り消された学生にすれば、たまったものではない。

実は筆者も、よく知っている大学4年生から就職の内定を取り消されたというメールを受け取った。ただ事情を聞いてみると、どうも企業の側にかなり問題がありそうだ。

さて、その学生、内定後の手続きのために会社を訪れると、なんと担当者から「あなたは思っていることを相手に伝える能力が不足しているから、うちの会社で働いてもらうのは、その能力が改善してからにしましょう」と言われ、内定まで取り消されたというのだ。

確かにこの学生にはまだまだ未熟なところがある。筆者と話をしていても、「その話し方だときちんと伝わらないかも知れない」と感じる部分がなくはない。そういった問題点は筆者から学生に指摘しているし、本人も今後直していくべき点として自覚している。しかし、企業は内定を出した時点で、その学生が持つさまざまな個性を含めて受け入れたのではなかったのか。後になって「能力が不足している」と言い訳するのは、「わが社は人を見る目がありません」「無能です」と公然と言っているのに等しい。

その学生にメールを打った。「話を決めておきながら、あたかもあなたに非があるような言い方をして断る、というのは非常に卑劣なやり方です。いったん内定を出しておいてあんな理由で断るのは、大人の社会ではあってはいけないこと。そうでなければ、社会は成り立たなくなってしまいます。でも、そういう「やってはいけないこと」を平気でやる大人がいるのが、悲しい現実です。今のあなたに出来ることは、まず、自分を卑下しないこと、自分を責めないこと。私のようないい人材を受け入れなければ損失だ、と思うくらいの尊大とも言える自信を持ってください。自分を責めすぎないように、精神状態をコントロールしましょう。そうでないと、あの会社のマインドコントロールにハマってしまいますよ。いい仕事を見つけて、そんな会社は見返してやりましょう」

学生から返事が来た。「当初はあまりのショックで惨めで動けず途方にくれていましたが、ようやく落ち着き、「就活生に希望を持たせておいてひどくないか」と思うようになりました。先生からのお返事をいただいて完全に吹っ切れた気分です。次こそはいいご報告ができるようにまた頑張ります」

一度は採用を決めながら、後になって平然と内定を取り消す。このような恥知らずな企業は一刻も早く社会から退場してもらいたいものだ。また、内定を取り消された学生はこんな無能な会社などを見返すくらい、さらに一歩、大きく成長してもらいたい。

（2010年11月12日）

## 厳しさ続く雇用環境　若者の可能性奪う

大学生の就職内定率が過去最低だという。大学で働く筆者も、そのことは実感している。卒業式を1カ月後に控えても就職活動を続ける学生はざらにいる。それでも、筆者の研究室にやってきて「内定をもらいました」とうれしそうに報告してくれた女子学生がいたのはホッとした。もっとも、彼女にしても前の年の秋に、せっかく得た内定を取り消されていたのだ。

大学を卒業して社会人として巣立とうとしている学生たちに企業が門戸を開かないのは、彼らに大人として独り立ちするための力が与えられないことでもあり、社会にとっても深刻な問題だ。

しかし、仕事がないのは企業への就職に限った話ではない。アルバイトにしても、その求人数は相当限られたものになっている。何人かの学生たちから、ずっと続けていたアルバイトを急に辞めなければならなくなったという話を聞いた。また、それまでは同じ職場で比較的長い時間働くことができていたのに、人手が余っているのか、希望するほど長い時間働くことを許されなくなり、アルバイト代が少なくなって困るといった声も耳にした。

景気の低迷がこれほどまでに長引き、雇用を取り巻く環境がよくないことを考えれば、その影響が学生のアルバイトにまで及ぶことは容易に見当がつく。

筆者の大学時代は、ちょうどバブル時代の絶頂期にのぼりつめていく時期だった。今の多くの学生たちのように、週に何日も働くことはまずなかったと記憶している。時給の高い仕事などいくらでもあり、「できるだけ効率よくたくさん稼いで、後は遊ぼう」という甘い考えが通用する時代でもあった。そんな好景気の時代と現在を比較するのは意味がないことはわかっているが、同じ学生なのだから、もう少しなんとかならないものかとつい思ってしまう。

アルバイトを辞めざるを得なくなった学生のひとりは、いくつもの面接を受けては落ち、そのたびに新たな求人票を探しては挑戦し続けている。学生たちに聞いてみたところ、アルバイトで得たお金は単に遊びのために使うのではなく、留学費用の足しなどにもするそうだ。今の大学生、いたって堅実なのである。

でも、アルバイトで稼いだお金が、仮に遊びに使うものだとしても、果たして無駄遣いだと言えるだろうか。社会人に比べて時間があり余っている学生時代に、一見無駄に見えるお金の使い方をして吸収した何かが、後になって生きてくることはきっとあるはずだ。そういう余裕がない多くの学生は、無駄な何かを吸収しないまま大人にならざるを得ない。就職する企業だけでなくアルバイト先まで減ってしまった現代は、未来のある若者から大きな可能性を奪っている社会にしか見えない。

（2011年2月25日）

## 就活シーズン　「質問力」を磨く

大学3年生たちが就職活動モードに入り始めた。就職サイトへの登録開始は前年より遅いが、学内での説明会に顔を出して情報収集に努める学生たちがちらほら現れている。

茶色く染めていた髪の毛を黒く戻したり、長めのヘアスタイルだった男子学生が小ざっぱりと短くしたり、といったところにも就活シーズンの訪れを感じる。逆に、企業から内定をもらった4年生たちの髪の毛はまた次々と茶色くなっている。学生たちは、長かった就職活動がようやく終わった解放感をこんなところでも実感したいらしい。

ところで、ここでは髪の毛うんぬんではなく、学生たちのコミュニケーション能力について書きたい。就職活動に関する雑誌記事などを読んでいると、「何よりも大切なのはコミュニケーション能力」といった言葉をよく目にする。筆者の周りにいる学生たちもそれを信じて、「まずはコミュニケーション能力を磨かなければ」と口にするのを時々聞く。しかし、どうやったらコミュニケーションの達人になれるのだろうか。そのあたりがどうもあいまいである。

筆者は、これをたとえば「質問力」を磨く、とでもしたほうがわかりやすいのではないかと思っている。一対一の会話を滑らかなものとするためには、2人が互いに言葉のキャッチボールをする必要がある。しかも、お互いが自分の主張をただ押しつけ合うのではなく、相手の言葉に適切な質問を投げかけてこそ、言葉が双方向にスムーズに行きかう状態が続くのではないだろうか。

筆者の教え子の中には、すでにこのキャッチボールがかなり上手な学生もいる。年長の人と話していても臆することなく、相手の質問に対して答えを返したり新たな問いを発することをごく自然にやっている。だが、その一方で、先生の問いに答えるだけでせいいっぱい、何かを質問するなどとてもできない、という学生も少なくない。

筆者がジャーナリズム全般について教えている講義では、教壇に立つ筆者を学生たちにインタビューさせ、記事を書かせてみた。筆者の考えや基本的な情報が書かれた紙をあらかじめ渡しておき、次の講義までの1週間で質問を考えるようにさせたのだ。すると、時には筆者が考え込んでしまうような、とてもいい質問がいくつも飛び出した。

また、取材の仕方を教える別の講義では、クラスメート10人ほどを次々に5分ずつ一対一でインタビューし、140文字でその人物を紹介する文章を書くという課題を出した。最初はとまどっていたようだが、慣れてくるにつれてさまざまな質問を繰り出していた。

そういった情景を見ていて思うのは、学校では質問の仕方を練習する機会が非常に少ないということだ。

少なくとも筆者の学生時代には記憶がない。何事にも練習は大切だ。コミュニケーションがうまく取れないと感じる人は、まずはこんな練習から始めてみてはどうだろうか。

（２０１１年11月11日）

## 困ったオジサン、オバサン　質問苦手な日本人

大阪市内で開かれた某シンポジウムを聞きに行った友人がぼやいていた。パネリストたちの話が一通り終わり、質疑応答の時間になった時のこと。聴衆の中から挙手して質問に立った人が何人かいた。もちろん的確な質問をする人もいたが、中には、質問などどこ吹く風、自分の主張ばかり並べたてた挙句「はい、終わり」という人もいたのだという。

実は、こういう場面に出くわすことは決して珍しくない。筆者自身もこれまでに何度か講演をしたことがある。そして、最後の質疑応答の時間になると、質問だと思って聞いていたら実は単なる意見表明だったり、自分の活動の宣伝だったりという人がしばしば登場するのだ。

あえて言わせてもらえば、こういう行動を取るのは、若者より中高年、それも女性より男性に多いという印象を筆者は持っている。ごく限られた時間なのだから、自己紹介も名前を名乗る程度でよいはずだが、このような人物はたいがいそれまでの仕事や功績などを長々と並べ立てた後に、意見表明に入ることが多い。聞かされる方もうんざりである。

なぜこのようなことが起きるのか。よく言われることだが、ひとつには多くの日本人は議論慣れしていないことが挙げられる。さらに、議論とケンカの区別がつけられない。相手に対して疑問や反対意見を述べることが、イコール、ケンカを売ることだと捉える人も少なくない。本来、相手をきちんと尊重してい

れば、反対意見を述べることは決して悪くないことである。そうすれば、キャッチボールのような双方向の議論ができ、さらに理解が深まるはずなのだ。

もうひとつの理由は、質問のしかたを幼い頃から学んでいないことだ。日本では、大人が言うことをきちんと聞く子がいい子だという育て方がまだまだ一般的だ。分からなければ納得するまで質問しなさい、という教育方法にはなかなかお目にかからない。疑問を持つことは、相手を否定していることにつながるとでも考えているのだろうか。

筆者は20代初めに米国の女子大に2年間留学した。それまで「先生の話はじっと聞くもの」と思っていた日本育ちの筆者は、授業中に教授の話をさえぎってまで質問したり意見を述べるアメリカ人女子学生たちの姿に仰天した。でも、それが「失礼なこと」ではなく、より深い相互理解に結びついていることが徐々に分かってきたのだった。

筆者自身は、こういったアメリカでの「洗礼」を受けたことや、記者として「いい質問ができず、取材相手にちゃんと話してもらえない」と窮する経験を何度も経て、質問に対する場慣れが進んできたと思っている。

筆者の周囲にいる学生を見ていると、やはりあまり質問を得意としていない。このままいけば将来、冒頭のような「こまったオジサン、オバサン」にならないとも限らない。せめて筆者が教える学生だけでも、自分の頭で物事を考え、的確な質問ができる人間に育てたいと思っている。

（2011年9月23日）

## ●相手の答えの中に次の質問を探す

コーヒーブレイク❸

記者の仕事の大半は、「いい質問をする」ことが占めると言っても過言ではない。それによって、相手からよりよい答えを引き出すことができるからである。

取材相手をインタビューする前に、あらかじめできるだけ多くの質問を考えておくことは大切である。相手のことを詳しく調べれば、尋ねてみたい質問は自ずと湧き出してくる。たくさんの質問を用意してきてくれた記者のやる気は、きっと相手にも伝わるはずだ。

だが、事前の準備と同じぐらい、いやそれ以上に大切なのが、相手の答えの中に次の質問を探すという作業である。取材相手がインタビューに答えてくれる際、その言葉の中には実にたくさんの情報が詰まっている。その中には記者が理解できるものもあれば、すぐには理解しきれないものも入っているはずだ。インタビューをしながら、後者を拾い出して次の質問をする。それによって、さらに多くの情報を得ることが可能になる。

相手の答えの中に次の質問を探すというやり方は、多くの情報を得られるだけではない。答えに対して次の質問をすると、取材相手は「ああ、この記者はきちんと自分の話を聞いてくれている」と安堵する。その安心感が、より多くの話を積極的にしようとする状況へとつなげてくれるはずである。

## 「お祈り」される就活生たち　企業は真に役立つ助言を

就職活動に励んでいる男子学生がひとり、筆者の研究室にやってきた。企業に提出するエントリーシートを見て欲しいのだという。筆者が大学生の頃は、市販の履歴書に記入して提出するのが一般的だった。だが、いつの頃からかエントリーシートを課する企業が増えた。他社と同じ内容を書ける場合もあるが、その社独特の設問が多いし、書く量も1社あたり相当あって、学生たちは悪戦苦闘している。

さて、その男子学生が「先生、X社（会話の際は実名）を受けたんですけど、お祈りされちゃいました」と言ったのだ。なんのことやら分からない。よく聞いてみると、「X社を受けたが落とされてしまった」という意味らしい。

これは、不採用の学生に企業から送るメールや手紙に由来しているそうだ。不採用を知らせる文面の最後に、「今後の就職活動の成功をお祈り申し上げます」などと書かれていることが多い。そこから、「不採用」イコール「お祈り」ということで、新語が生まれたらしい。そのネーミングの絶妙さと皮肉に思わず筆者は笑ってしまった。学生たちにすれば、「お祈りするぐらいなら採用してくれ」と言いたいところだろう。

その話を聞いていたら、1学年年上の学生たちが就職活動真っ只中だった頃を思い出した。特に印象的なのは、「ここは受かりそう」と予想していた企業に落とされた時の話だ。

最終面接で非常に和やかな雰囲気となり、学生が「これは大丈夫、通過しただろう」と思っていたら、不採用の通知が来て驚くという経験をした学生がかなり多いのだ。「面接官の人たちとあんなに仲良く話ができたのに、なんで落とされたんでしょう。私の何が悪かったのかわからない。すごく傷つく」という声を聞いた。それはそうだろう。恋の終わりなど、人間関係が崩れる時は普通なら何か予兆があるものだ。それが、ニコニコといい感じで自分と話している面接官が、実はすでに自分の不採用を決めている。そんな扱いを受ければ、納得がいかないのも当然だ。筆者は学生からその理由を問われ、推測がつかなかった。

だがある日、企業で採用に関わったことがある知人に会ってナゾが解けた。知人は「不採用を決めた人に、うちの企業に対してのちのち悪い印象を持って欲しくないから、できるだけ和やかな雰囲気で面接をするように努めている」と語ったのだ。なるほど、それは企業なりの心遣いなのだろう。

だが、その心遣いがかえって学生たちに不信感や苦しみを与えているのだ。場合によっては、知人が言っていた目的とは逆に、「あの企業は学生をだます」と逆恨みされかねない。

不採用の学生に対しては、「お祈り」や「和やかな面接」といった通りいっぺんの応対ではなく、むしろ本当に彼らのためになるアドバイスでも一言加えてもらえないだろうか。不安を抱えている就活生を見ていると、そんな気持ちがわいてくる。

（2012年2月17日）

## 学生の資質どう見抜くか　第一印象に縛られぬ面接で

筆者が担当しているゼミは代ごとに独特の異なる雰囲気を生み出してきたが、3年生で発足するこの金井ゼミは時間をかけて独自のカラーを作り出す。

さて、その3年ゼミの学生たちと、立て続けに個人面談をした。その主な目的は、本格化した就職活動に直面した彼らがいま何を考えているのかを知ることだ。ゼミ生でマスメディア関連の仕事に興味を持っている学生は、放送・出版・広告・新聞と、希望はさまざまだ。その一方で、公務員や一般企業を目指す学生もいる。

学生たちとの個人面談では、事前に書かせた履歴書を主な材料に話を進める。それは、今ではエントリーシートと呼ばれることが多くなった履歴書が、企業の面接では会話のネタとして使われることが多いようだからである。就職活動では面接がかなり重視されるため、できるだけいいネタを提供できるように書き方をアドバイスしている。

ただ、気になるのは、企業がせっかく時間をとって面接をしても、本当に学生のよさを見抜いているのだろうかという点である。面接というのは第一印象でほぼすべてが決まってしまう。そのため、初対面でも臆せず話をできる学生が面接を通る確率が高いようだ。逆に、緊張する場面では口が重くなって、人柄を十分に伝えられない学生もいる。後者の場合、ゼミ等で数カ月、数年という長さで付き合うと、個性やよさが見えてくる学生が多い。ゼミに入ってきた当初には思いもよらなかった個性を見せて、楽しませてくれたりリーダーシップを発揮する学生もいるのだ。

採用活動にはかなりの時間と費用が既にかかっていることは、十分に承知している。だが、それでも、少しでも良さを見抜ける採用活動を行って欲しい。親心のような気持ちで、ゼミ生たちの行く末を見守っているところだ。

（2013年12月6日）

## 卒業後に就活終える若者　〝ババ〟つかまぬ余裕を

勤務先の大学の研究室を出たところで「金井先生、お久しぶりです！」と女性に声をかけられた。振り返ると、卒業生だった。にこにことうれしそうに笑っている。

筆者が担当する講義で書かせた作文の課題では、卓抜なアイディアと丁寧な言葉選びで添削の時間を楽しみにさせてくれていた彼女。就職活動では、この文章力をもってすれば採用担当者の心をつかむのはたやすいだろうと筆者は踏んでいた。しかし案に相違して、就職活動は難航した。自分の思いを強く伝えられず穏やか過ぎる彼女の性格が災いしたのかもしれない。結局内定をもらえないまま卒業したのだった。

だが、その日の彼女は「内定をもらったんです。すぐに働き始めることになりました」と言ったのだった。なんとうれしい知らせだろう。教え子の進路が決まるたびに感じていたのと同様、躍るような心持ちだった。

今回の彼女の場合、在学中の長い就職活動でおそらく疲れ果てていただろうし、卒業の時点でも行き先が決まらず、不安な気持ちを抱えていたに違いない。そのうれしさが、普段はおとなしい彼女が満面の笑みを浮かべる様子にも表れていた。

筆者が大学生だった頃は、卒業した後すぐに就職せず、少しでも履歴書に空白の期間があるといぶかしがられる時代だった。今だって、そういう企業はまだあるだろう。だが、こうして既卒の若者の就職が決まる事実を目の当たりにすると、企業側の意識の変化も感じる。

在学中の就活生にはもちろんがんばって欲しい。だが、焦って〝ババ〟をつかむことは避けたい。卒業後まで就職活動が延びたとしてもかまわないというぐらいの余裕を持って取り組んで欲しいと願っている。

（2014年5月30日）

## 2　若者は本当に政治に無関心なのか

### 面倒くさいネット選挙　若者が政治親しむ契機に

２０１３年7月21日投開票の参院選から「インターネット選挙運動」が解禁された。だが、ネットで何をしてかまわないのか、どういう行為は違法になるのか、今ひとつわからず戸惑った。

そこで、総務省のホームページを見てみた。「氏名等を偽って通信」、「候補者に関し虚偽の事項を公開」、「悪質な誹謗中傷」、「候補者等のウェブサイトを改ざん」といった行為を禁じているのは納得がいく。だが、「有権者は、ウェブサイト等（ホームページ、ブログ、ツイッターやフェイスブック等のＳＮＳ、動画共有サービス、動画中継サイト等）を利用した選挙運動が可能となりますが、電子メール（中略）を利用した選挙運動は引き続き禁止されています」、「ＳＮＳのユーザー間でやり取りするメッセージ機能は「ウェブサイト等」に含まれます」といった具合にこまごまと規定が並ぶのを読んでいると、だんだん面倒くさくなってきた。

だいたい、「電子メール」と「ＳＮＳのメッセージ機能」はどう違うのか、筆者の頭ではよく理解できない。筆者が教えている大学生たちは近頃、友人との連絡にはパソコンはおろか携帯電話のメールを使うことも少ないらしい。代わりに使っているのが「ＬＩＮＥ（ライン）」だそうだ。筆者も、ＬＩＮＥを学生との連絡のために使い始めたところだ。

一般的に、政治に対する若者の関心は高くない。だが、ネット選挙解禁は、彼らを政治の世界に近づけさせる絶好のチャンスだ。自分にとって身近なネットで選挙に参加できると耳にすれば、何かやってみようと思う若者がいてもおかしくない。

ところが、この面倒くささである。そもそもネットはどんどん進化する。あまり細かい決まり事でしばるより、もう少しシンプルなルールにした方が活用しやすいのではないだろうか。（2013年7月5日）

## 不在者投票制度知ってる？　若者を投票に誘う一歩

選挙の低投票率の理由のひとつとして、若年層が投票に行かないことが挙げられている。彼らは政治に無関心なのだろうか。せっかく筆者は大学に勤めており、若者たちが身近にいるのだ。生の声を聞いてみることにした。投票に行ったことがあるか、その理由は、などと何人かに尋ねてみた。

すると、投票に行った学生からは、その理由として、「投票者の割合を全体的に見ると、自分たち若者世代の意見は少数意見になってしまうから。政治に少しでも新しい風を吹かせるには自分たちの世代が投票へ行き、意見をしないといけないから」「自分が政治に対してどう思っているかを意思表示するため。「白紙投票」はしてもいいと思う。それも「投票するに値しない」というひとつの意思表示だから」「自分に投票の権利があって、一票が政治を変えると考えているから」「少しでも自分の住む区域が良くなることを願ったから」「ハタチになった記念と、大人という自覚を持ちたくて」など、意外に頼もしい言葉が返ってきた。

一方で、投票に行かなかった理由については、実家から離れてひとり暮らしをしており、住民票を実家に置いたままだからという声が数人から出た。「不在者投票制度を使えば里帰りをしなくても投票できるよ」と筆者が言ったが、その制度は誰も知らなかった。

総務省のホームページを開くと、不在者投票制度について「仕事や旅行などで、選挙期間中、名簿登録地以外の市区町村に滞在している方は、滞在先の市区町村の選挙管理委員会で不在者投票ができます」と書いてある。だが、これでは、くだんの学生たちが自分が該当者だと判断するのは難しそうだ。

全国の大学にいるひとり暮らしの学生たちに向けて、この制度をアピールすることも投票率上昇の小さな一歩につながるのではないだろうか。（２０１４年２月28日）

## 子連れ投票のススメ　〝刷り込み〟で投票率アップ

筆者が小学生のころ、ごくたまに、日曜日の朝に両親に連れられて自分が通う地元の小学校に行くことがあった。だが、学校に着くと、いつも自分が授業で使っている体育館に入っていくのは両親だけ。弟と筆者は校庭で待たされた。

待ったのはおそらくわずか10分程度だった。だが、普段は自分が体育の授業を受けている体育館に〝オトナ〟である両親だけが入っていくのを見て、秘密めいてうらやましく、早くオトナになりたいとワクワクしたことを覚えている。

それが「せんきょでとうひょうする」ことだと聞いても、当時はほとんど理解できていなかった。だが、選挙のたびに両親が投票に行き、筆者は外で待たされるという繰り返しが、選挙に対する意識を植えつけた。そのため、よほどの理由がない限り筆者は棄権しないようになったのだ。

若者がもっと選挙に行くようにする方法のひとつとして、よく報道される「期日前投票制度」だけではなく、認知度が低い「不在者投票制度」をもっと宣伝すべきであるという考えは先に書いた。そして、それよりもっと原始的な方法として、「オトナが選挙に行く姿を子どもに見せる」のが、シンプルだがかなり効果的な気がしている。要は「投票には行くもの」という「刷り込み」である。筆者の場合も両親による刷り込みが成功した一例と言えるだろう。

ある知人は、自分の子どもが幼いころから投票所に必ず連れて行くようにしているという。自分自身も親に連れられて投票所に行っていたというその知人は、「親が選挙に行く姿を物心がつくころから見せると、選挙に行く人は意外と簡単に再生産できる」という考えを話してくれた。

投票に行かないオトナに育てられたオトナが、投票に行く姿を子どもに見せるのは難しいかもしれない。それでも、少なくともいま投票に行っているオトナが、もし子連れで行っていないならば連れて行く。ついでに近所の子どもも連れて行く。そんな小さな行動が、長い目で見れば投票率上昇のきっかけとなりそうだ。

（2014年3月7日）

## 戦争〝当事者〟は動くか　無関心が呼ぶ行く末は

「これからみんなはどうしていったらいいと思う?」と筆者が尋ねると、教室の中をしばし沈黙が支配した。集団的自衛権行使の容認が2014年7月1日に閣議決定された翌日、筆者が担当する授業での光景だ。その閣議決定で、筆者よりも若者の方が影響を受ける可能性は高い。だから、〝当事者〟である彼らがどう受け止めているか知りたかった。

変更の内容や手順を理解している学生が一部にいる一方で、ほとんど知らなかったり、誤解している学生も多かった。そこで、経過や現状を説明した上で決定をどう思うか聞くと、「戦争につながるから反対」「同盟国の敵を攻撃したら、最低限の戦闘で済まないだろう」「戦争につながると思うと自衛隊に入る人が減るだろうから、徴兵制になるのではないか」「戦争になるとは限らないし、必要な権利だ」「お金だけ出しているわけにいかない」等々、賛否両論だった。

だが、学生自身や家族が戦争に行くことについて尋ねると、全員「嫌だ」と答えた。ただし、「戦争を賛美する雰囲気が高まった時に拒否できるか自信がない」「戦場に向かわざるを得ないかも知れない」という声も出た。ある女子学生は「私は戦争は嫌だと言う教育を受けた。でも、将来もし私の子どもが戦争をよいものだとする教育を受けたら、考えが合わなくなって、子どもは進んで戦争に行くのではないか」との不安を口にした。

さて、冒頭の問いに戻る。沈黙の後、少しずつ何人かが話し始めた。教育現場で広島で何が起きたかを見せるなど戦争教育をするべきという意見が出る一方で、学校では教えなくなるかも知れないから家庭で戦争の悲惨さを伝えたいという声も出た。

戦争へ向かう流れを食い止める手立てを考えるのは容易ではない。ただし、無関心でいれば流れが早まることは間違いないだろう。自分や家族が殺されるかも知れないし、自分や家族が誰かを殺すかも知れないのだ。無関心でいてはいけないことだけは、若い世代の人々に気づいて欲しいと願うばかりだ。

（2014年7月4日）

## 3 垣間見える今どきの若者気質

### 教員と学生の距離　関係の築き方に変化

ゼミ生に春休みの宿題を出した。毎週土曜日に筆者にメールを送ること、それが宿題である。内容も形式も長さも全く自由、パソコンからでも携帯からでもかまわないが、週1回必ず筆者にメールを送らなければならない。

こんな宿題を思いついたのに深い理由はない。強いて言えば、就職活動で忙しくなり始めている彼らが4月に進級すればさらに多忙になり、あまり会えなくなるだろうと考えたのがきっかけだ。彼らの近況を知る手段としてメールでやりとりすればよいと考え、ならば新学期を待たずに始めようと思ったわけである。

さて、すでに何回かメールが届いているが、研究室や教室で会う時よりも個性が鮮やかに表れて、興味深い。一週間の出来事を箇条書きにしたごく短いメールもあれば、見たばかりの映画のあらすじと感想をかなり長く書いたメールや、サッカー日本代表への自分の思いをつづったメール、就職活動の説明会で聞いた話をきっかけに自分の性格や考え方を深く考察したメール……等々、読んでいて飽きることがない。こんなに面白いのならもっと早く始めればよかったと思うほどだ。

学生とは、これまでも必要に応じてメールをやりとりしてきた。その中で少しずつ気づいたのは、教員と学生の距離の近さだ。

メールをもらい始めた頃、言葉づかいがかなりくだけていることは「まだ若いのだし、これから学ぶのだろうな」と苦笑いしながら、ごく冷静に受け止めていた。でも、多くのメールに絵文字や顔文字などが入っているのには戸惑ったものだ。なんらかの理由で筆者に謝罪しなければならない時にも、顔文字が横に並ぶ。「なんでこんなに軽いのだろう。本気で謝っているのか」と腹を立てたこともあった。

教員であり年上でもある筆者とそんな軽いやりとりをしていれば、就職活動で企業などの「外」の大人と触れ合う際に、礼儀知らずと言われるのではないかと心配したりもしていた。しかしある日、外の人に対する学生の文章を見て驚いた。言葉づかいが相当しっかりしているだけでなく、顔文字も一切見当たらないのだ。つまり、内と外を見事に使い分けているのである。

筆者が大学生だった頃、大学の先生は遠い存在だった。研究室に行くことすらためらわれ、話をする際にも、まして手紙を書くなどということになれば、かなり緊張したものだ。明らかに「外」の人として接していた。

そんな堅苦しかった関係が、今のように柔らかく近く変化した理由はよくわからない。メールの誕生が大きな役割を果たしたのかも知れないし、親子関係が友達のようになっているという流れが影響した可能性もある。いずれにせよ、筆者の周りでは明らかにそんな変化が起きている。今さら「軽い」とか「礼儀知らず」と突っぱねてもしかたない。むしろ新しい人間関係の築き方を観察した方が楽しそうだ。

（2011年2月11日）

## 〝便所飯〟生きづらさと想像力の欠如

筆者が住んでいる賃貸マンションで改修工事が行われた。その一環で、自転車置き場が拡張された。拡張工事が始まる直前に、居住者に対して自分の自転車を一時的に別の場所に移すようにという指示が出た。だが、期限が過ぎても元の場所に残ったままの自転車が数台あった。これは、このマンションをすでに引き払った人たちが、引っ越しの際に持って行くことも処分することもしなかった自転車がそのまま残ったということだ。

これまでの自転車置き場はかなり狭かった。そのため、筆者がマンションの出入り口近くにある自転車置き場のそばを通るたびに、あふれ出した自転車をよけなければならなかった。なんとなく不満に思ってはいたが、自転車を持たない筆者は、どの自転車がどの住民の持ち物であるかをよく知らず、ただ「随分自転車が多いな」と思いつつも、それだけ自転車を必要とする人が多いのだから仕方ないのだろうと諦めていた。

だが、誰も使わない自転車が何台もあることが今回分かったのだ。わずかな処分費用を惜しんで貴重なスペースに「ゴミ」を放り出していった人間がおり、そのために、後に残った筆者を含む住民が迷惑を被ったことに対して、怒りが湧いてきた。

さて、筆者が勤務する大学では、校舎の中に教室と研究室が同居している。筆者が自分の研究室の近くにあるトイレに行って用を足そうとした時のことである。個室のドアをあけると、コンビニエンスストアで買ったらしいサラダの入れ物や、おにぎりを包む紙などが、床に置いてあるという場面に数回遭遇した。

中身はからっぽであり、ほぼ間違いなくその個室の中で食べた痕跡である。

トイレの個室の中で食事をする行為は、「便所飯《べんじょめし》」と呼ばれているらしい。友人がいない人がひとりでお昼ご飯を食べているところを他人に見られたくないためにトイレの個室で食べる、といった定義だそうだ。特に若い人に多いようだ。この行為をせずにいられない若者の気持ちそのものに対しては、切迫した生きづらさを感じるし、その状況を変えるために何か筆者にもすべきことがあるのではないかと思ったりもする。

しかし、一般的にはトイレは飲み食いをする場所では決してない。飲食した形跡が残るトイレの個室に入った筆者は、あまりに場違いな飲み食いの光景を想像して、文字通り吐き気を催した。

後から入ってきた人がその形跡を見れば不快な思いをするかも知れないとなぜ思えないのだろう。自分が関わった不要物やゴミを片づけなければ、後にやって来た人が必ず何らかの迷惑を被るのだ。想像力の欠如が著しいとしか言いようがない。自分がされたら嫌なことを他人にはしない。幼い頃に親から言われた人も多い言葉だろう。その単純なことを実践するだけで、もう少し快適に生きられるのではないだろうか。


（2012年1月27日）

## 「ゆとり世代」の未来　長い目で見守る姿勢を

「どうせ、ゆとりだから」という言葉を今までに何度も耳にしてきた。「ゆとり」とは「ゆとり世代」のこと。つまり、いわゆる「ゆとり教育」を受けた人たちのことを指す。

ゆとり教育は元々、学校での学習時間や内容を減らし、知識の詰め込みに偏らず、経験を積むことを重視して、文字通りゆとりを持って教えることを目指していた。だが、結果となって表れたのは著しい学力の低下だった。それを受けて日本の教育は大きな方針転換を迫られ、「脱ゆとり」の道を歩んでいる。

大学で教える筆者が日々接している学生たちは、まさに「ゆとり世代」の若者である。

冒頭のせりふは、「どうせバカだから仕方がない」とほぼ同義であり、ふたつの全く異なる立場の人たちが発したものだ。一方はゆとり世代の若者。自分が物を知らないのはゆとり教育のせいだと自嘲する意味合いで口にしたものだった。他方、筆者と同世代の人がこのせりふを口にする場面にも何度か遭遇した。あまりに物を知らない若者に呆れ、侮蔑を込めて使った言葉だった。

これは何度聞いても気持ちがよいせりふではない。ゆとり教育はたまたま時の政府が選択した政策であり、その教育を受けた当事者が選んだものではない。にもかかわらず、ゆとり世代があまりにさげすまれ、自尊心を持てずにいる。この状態に胸が痛むのは、周囲にいつもゆとり世代の若者がいるからかも知れない。確かに、彼らは筆者が小中高で習ってきたようなことでも知らないことが多い。だが、知る機会が与えられなかったのだからやむを得ない。それに、知識は少なくても人間的な魅力にあふれている若者は多い。

さて、国際教育到達度評価学会が、小学4年生と中学2年生を対象に実施した国際数学・理科教育動向調査の結果を発表したと報じられた。日本の小4の算数は5位、理科は4位で、過去最高点に改善したという。その要因のひとつとして「脱ゆとり」が挙げられていた。

大きな方針変換がこうした成果に結びついたのを見るのは喜ばしい。だが、気になるのはゆとり世代の今後だ。社会に巣立つゆとり世代も増えている。いずれ親になる人もいるだろう。これからあらためて彼らに教育を施すのは現実的ではない。だが、たまたま彼らが「遭遇」した教育方針のために烙印を背負うことになり、それを放置するのも納得がいかない。確かに彼らは、これまでなら学べた基礎的な学力は得られなかったが、かといって人生を台無しにしたわけでもあるまい。人生を豊かにするのは知識だけではない。学校生活でなくても身に付けられる「教養」を吸収していくことは可能だ。周囲の人々も、もう少し長い目で「ゆとり世代」の今後を見ることが必要だろう。

（2013年1月11日）

コーヒーブレイク❹

## ●質問することを恐れない

記者がきちんと理解できていない内容をそのまま記事に書けば、読者も理解できない。これは当たり前のことである。記者は読者のために記事を書いているのだから、読者を代表して最終的にちゃんと理解できるまで取材相手に質問し続ける義務があると言っても過言ではない。

「質問をすると『こんなことも知らないのか』と馬鹿にされそうでこわい。だから尋ねたくない」という恐怖を抱えている人は少なくない。記者も時にはそんな臆病風に吹かれることがある。だが、知らないことは恥ずかしくない。知らないことをそのままにして知ったかぶりで記事を書くことのほうが、よほど恥ずかしい。なぜかと言うと、そういった行為は記者という仕事や読者に対する裏切りだからである。

質問することを恐れる気持ちは捨て去らなければならない。そこから「いい質問」が生まれ、いい記事にもつながっていくのだ。

第4章

# ジャーナリズム教育の現実、報道のあり方

筆者は記者の経験を土台として大学で研究・教育に携わっている。ジャーナリズムの現場で筆者が経験した内容を分析し学生たちに伝えることによって、記者を目指す教え子が夢と現実の差を知ったうえでメディアの世界に入って行くことを手助けしたい。また、近頃不人気の記者職に対する関心を高めることも狙っている。だが、ジャーナリズムの教育は、単に将来の記者を育成するためだけに行うものではない。メディアが現在直面している課題を知り、メディアによって伝えられている情報のよしあしを見極められることは、記者としてニュースの発信に携わっていない人にとっても欠かせない能力である。つまり、メディアリテラシーを高めるようにすることが、ジャーナリズムの世界の外側にいる人々にも必要不可欠なのである。

## 1　ジャーナリズムを教室で伝える

### 〝ニュージアム〟を日本にも　マスコミを知る意義とは

ワシントンDCを訪れた。何度訪問しても見たい場所が尽きない魅力的な街だが、今回は「ニュージアム」に強い印象を受けた。「ニュース」と「ミュージアム」を合わせた「ニュース博物館」にはまさにニュースが凝縮されている。

中に入ってすぐ目に入るベルリンの壁の一部のそばに立つと、東ベルリン側でその壁を乗り越える機会をうかがっていた人々の恐怖が伝わってきそうだ。9・11同時多発攻撃で崩壊した世界貿易センタービルのアンテナのようなものは大きくひしゃげていて、破壊力のすさまじさを見せつけられる。

タイで銃撃されて亡くなったロイターの元同僚、村本博之さんの名前をガラスの壁に見つけると涙ぐみそうになった。だが、彼の名前の周囲に、取材中に命を落とした人々の数がおびただしく並んでいるのを見ると圧倒された。世界の重要なニュースに関する展示物が並ぶ中に、石巻日日新聞が東日本大震災直後に発行した壁新聞を見つけた時は、日本から来た者として誇らしく感じた。

壁新聞のすぐ横には、「世界における報道の自由」と題した世界地図が、緑（自由）、黄（一部自由）、赤（自由ではない）の3色で塗り分けられている。日本は緑だ。日本でもマスコミへの信頼が揺らぐような出来事がしばしば発生しているが、それでも緑だという事実は重い。黄や赤の国に住む人々の息苦しさを想像すると同時に、日本を緑以外で塗らせない努力は欠かせないという思いを新たにした。

ちなみに、ここに書いたのはニュージアムの展示物のうちごくわずかである。入場料は大人が21・95ドル（税別）。多くの美術館・博物館に無料で入れる米国では異色だし、物価を考えてもかなり高い。でも、ここで見られるものの価値を考えれば決して高過ぎないだろう。

残念ながら日本にはこれほど総合的な〝ニュージアム〟はない。報道機関が果たしている役割を国民がきちんと理解したうえで批判すべきところを批判するためにも、こうした施設は欠かせない。

（2013年10月18日）

## 〝御用学者〟の表現の自由　度が過ぎる憶測に一言

筆者は新聞やテレビで文章を書いたり話すことが多いため、「メディアが望む立場にすりよっているのではないか」と言われることもある。大阪日日新聞のコラムで大阪都構想に触れたところ、あたかも大阪日日新聞が筆者に命じて書かせたかのような発言をネット上で見かけたこともある。

あらかじめ断っておくが、執筆内容に関して命令どころか示唆すら受けていない。コラム連載中に「これを書け」「書くな」と言われたことはない。大阪日日新聞を含めたメディア界を批判する内容を書いても掲載してくれており、感謝している。逆に言えばその自由がなくなった時は、コラムを書くことをやめなければならない時であるとも思っている。

こうした事情も知らず勝手な憶測を流すことは、風評被害を垂れ流すことと変わらない。筆者のコラムをていねいに読んでくれている人ならば、メディアという権力におもねった内容ではないとわかるはずである。

以前ある週刊誌から電話取材を受けた時、既定のシナリオに沿ったコメントを求めようとする姿勢があからさまだったため、取材を断ったことがあった。一方、ある新聞のインタビューでその新聞のことを「独善的」と筆者が批判した言葉を、当初その記者は削りたいと申し入れてきた。それならばインタビュー記事全体を載せないで欲しいと言ったところ、最終的には「独善的」を入れた記事が掲載された。

こういった姿勢の根っこには、筆者が記者だった時に、自分に都合のいいことだけ取材先に話させることは「最もやってはいけないこと」と戒めていたことがある。そんなことをすれば、「真実」が表に出てこなくなるためだ。

表現の自由を奪われることに対して懐疑心を抱くことは悪くない。〝御用学者〟などと呼んで溜飲を下げるのもいい。だが、最初から決めつけてかかると、物事の本質を見誤る危険性がある。

（2014年1月10日）

## 記者に学ぶ情報発信術　他者の考えを聞けるか

自分が言いたいことを聞いて欲しい相手に届けるには、どうしたらいいのだろうか。実はこれ、ある団体で筆者が行った講演のテーマだ。この問いに対するいわゆる「正解」はないのかもしれない。ただ、筆者がたずさわった記者という仕事は、情報の受信と発信のプロが行うものである。記者の仕事ぶりに対して毀誉褒貶があることは十分承知しているが、それでもあえて記者に学ぶことがあるのではないかと考えた。

講演では「記者に必要とされるチカラ」として9項目を挙げた。それは、①身を守れる、②他の人の考えを聞ける、③なんでも面白がれる、④柔軟でとっさに判断できる、⑤自分が絶対に正しいと思い込まない、⑥相手を説得できる、⑦話したくない人に話したい気にさせられる、⑧わかりませんと正直に言える、⑨わかりやすく伝えられる、というものである。

9項目のうち特に大切なのは、「他の人の考えを聞ける」や「自分が絶対に正しいと思い込まない」だろう。自分が言いたいことがある時、聞いて欲しい相手は異なる意見を持っている可能性がある。耳に痛い言葉もあるかも知れない。しかし、自分が正しいと思い込まずに自分を客観視できれば、それでも伝えるべきと信じる言葉を相手に受け止めてもらえるのではないだろうか。また、「わかりやすく伝えられる」能力も欠かせない。情報量が多い記者ならいくらでもいるが、それを万人が理解できるように伝えられる人はそう多くない。内容もさることながら、それを伝える言葉を磨くことは重要である。

今回の講演は社会人対象だったが、実はこの話は大学の講義でもしたことがある。就職活動で求められるコミュニケーション力の強化につながると考えたからである。今後も折りに触れてこの話はしていきたい。ついでに、それをきっかけに記者に親しみを持ち、近頃ことさら評判が悪い記者のイメージの回復にもつながることを祈っている。

（2014年10月10日）

## 社会とのつながり学ぶ取材　記事の卒業制作に取り組む

アニメソング、海外ドラマ、仮面ライダー、凶悪犯罪、孤独死、シェアハウス、スポーツの機械判定、スマホゲーム、戦場報道、大学サッカー、東京五輪、バラエティー番組、YouTube、若者ホームレス。実はこれ、筆者のゼミの4年生たちが取り組んでいる卒業制作の記事のテーマだ。

社会でいま起きている現象から各自がテーマを選び、彼らが感じる疑問を解き明かすために、参考文献を読んで複数の取材相手にインタビューをして記事を書くというのが流れである。テーマは実に多様だが、記事を書くことによってその情報を周りの人々に伝えるだけの価値があるテーマなら何でもよいとしているためだ。

ただし、残念ながら彼らの記事はゼミ内での公開に限定している。取材相手の中には取材を受けることを躊躇《ちゅうちょ》したり、取材内容をネットで拡散されることを危惧したり、学生であるだけに不正確な情報を書く可能性もあると懸念したり、といった人たちがいる。だから、取材を申し込む時点でゼミ内公開に限ることを先方に伝えている。

それでも、この記事制作は学生たちにメリットがあると考えている。企画書やインタビューの依頼状を書いて見知らぬ人に郵便で送り、手紙が届いているか電話で確認し、メールでやりとりをできることになっても言葉遣いには気をつけなければならないし、取材の約束がとれたら初対面の人に適切な服装で遅刻せずに会いに行き、限られた時間の中で具体的な答えを引き出せるような質問をして、インタビュー後はテープ起こしをした原稿を読みやすいように整理する。これだけでもいかに多くが学べることか分かるだろう。

ちなみに今回の4年ゼミの中で記者志望はごくわずか。マスコミ以外を希望する学生が少なくない。それでも、こういった経験を通して社会とのつながりを学んだことは一般企業であろうと公務員であろうと、役立つはずだ。

これから旅立っていく社会に鋭く切り込んだ記事を楽しみに待ちたい。

（２０１４年11月14日）

## ２　記者として見えたもの

### 記事とコラム　車座で語るように

２００１年9月11日にニューヨークで起こった出来事は一般的に「同時多発テロ」と呼ばれている。でも、ロイターの記事には、和英文とも「同時多発攻撃」などと記され、ここには「テロ」という言葉は見当たらない。

ロイターでは、テロとは「誰かが他者に恐怖を与えるために行う行為」だと定義し、そのような「主観的な言葉」を記事の中では使わないこと、と定められている。

アフガニスタンで道路脇に仕掛けられた自動車爆弾が爆発し、バグダッドの市場では自分の身体に爆弾を巻きつけた人が自爆する。これらの行為のみが「テロ」と呼ばれ、米軍による攻撃をそう呼ばないのは、公平さに欠けるのではないか、という考え方だ。

これは、ロイターが掲げている「独立性、公平性、偏見からの自由」という報道の基本原則があるためで、筆者が記者だった時も、新人時代だけでなく絶えず叩き込まれた。特に記憶に強く残っているのは、「記事には自分の考えを入れないこと。誰もあなたの意見なんか聞きたくない。記事のテーマに関する専門家や当事者の意見を読みたいのだから」という先輩の言葉だ。

記事を書く時には、主観を反映させないこと、誰かの意見を書いた場合にはできる限りそれに反する立場の人の意見も盛り込むこと、と言われ続け、中立で客観性を保った記事を書くように心がけてきた。ただし、「客観性を完璧に保つことは可能なのか」と聞かれたら、それは不可能だ。なぜなら、この出来事をニュースにするか否か、記事の中にとある人のコメントを盛り込むか否か、といった判断をする瞬間にどうしても主観が潜り込まざるを得ないからだ。それでも、自分の思いや意見をできる限り文章の中に表現しないように気をつけるという習慣は、筆者の中に深く根付くことになった。

大阪日日新聞のコラムを書くようになって数回経った頃、筆者のコラムの原稿をチェックしてくれている同紙の記者からメールが届いた。この人とは、筆者が記者時代から友達付き合いをしている仲で、お互いに率直な物言いができる、なんともありがたい関係である。

メールの大半は、筆者なりのよさを生かすようにと励ましてくれる内容だった。ただ、最後に「もう少し感情は出したほうがいいと思います。今はまだ演壇の向こうの話を聞いている感じなので、車座で飲んでいる感じになれば、より身近になるのでは……」と書かれていた。

先に書いたような、文章上の筆者のクセを、常日頃意識していたわけではないが、このメールを読んでいるうちに、「そうか、ロイター時代の教えの影響で、自分の考えや感情を文章に入れるのが不得意なのか」と新しい発見をしたような気持ちになった。正直なところ、自分の思いを書くことにはまだ戸惑いがあるし、少々怖いような気もする。でも、ありがたいアドバイスに従って、少しずつ変化していこうと思っているところだ。

（2010年8月27日）

## グラウンド・ゼロ　「記者としての不運」

２００１年9月10日の朝、筆者はニューヨークにいた。数日間の滞在を終え、ロンドン行きの朝の便に乗ろうとケネディ空港にいたのだ。搭乗までの時間を持て余した筆者は、人が少なく静まり返った免税店でマニキュアのテスターのビンを開け、それぞれのツメに違う色を塗って遊んでいた。

翌日、つまり２００１年9月11日になってロンドンに到着していた筆者が、同時多発攻撃の一報を聞いてすぐ思い出したのは、あの空港の静けさだった。たった24時間の違いで、自分がいた空港がどれだけ違う姿になってしまったかと思うと、胸が痛んだ。便名は違うものの、被害に遭ったのと同じ米系航空会社を利用していた筆者は、幸運に胸をなでおろした。家族や友人たちは口々に筆者の無事を喜んでくれた。

しかし、それと同時に、不運を嘆く気持ちも湧いてきた。たった24時間の違いで、あれほど大きな現場に居合わせることができなかった「記者としての不運」だ。同業者である記者の友人たちは、口を揃えて「現場に居合わせないなんて、運が悪いねえ」と皮肉まじりに無事の帰還を歓迎してくれた。記者はやはりどこか普通の人と違うと思った瞬間であり、筆者自身もやはり記者だと実感したのだった。ただし、記者たちの名誉のために付け加えておくと、彼らは決して「他人の不幸を喜んでいる」のではない。他人の不幸がやむをえず発生してしまった場合、誰よりも早くその現場に行って様子を報道したいという欲望が人一倍強い、それだけなのだ。

事件現場の「グラウンド・ゼロ」には、あれから数回行った。多くの命が失われ、全員の遺骨が回収されてはいない現場を訪れ、新しいビルを建てるためにブルドーザーが土を掘り返す姿を見た時、「死んだ人が眠る場所は、静かにそのままにすればいいのに」という、たまらない気持ちになった。これが、国民性や宗教観の違いだろうかと思ったことを、よく記憶している。死者を悼むだけの場所にせず、新たな事業を進めていく姿に、アメリカ人は、自分を痛めつけた相手に決して屈しない姿勢を持つ人たちだという印象も持った。

「グラウンド・ゼロ」のすぐ近くに、イスラム教の宗教施設を建設する計画が持ち上がり、騒動になった。一部の狂信的なイスラム教信者たちが起こした事件現場の目と鼻の先にモスクを建てさせたくない、という気持ちで建設に反対する人が多いようだ。しかし、そう思いながらも、どんな人にも信仰をはじめとするあらゆる自由が与えられるという、アメリカらしい姿を守るためには、建設を阻むべきではない、と悩む人も多いらしい。

何年経っても、アメリカ人を揺さぶり続けるこの事件の経過から目が離せない。

（2010年9月10日）

## 3 報道のあり方を問う

### テレビは喰われるのか　求められる未来への知恵

視聴者のテレビ離れが深刻だと聞く。人気タレントを中心に据えた番組を制作しても思ったほどの視聴率が取れず、頭を抱えるテレビ局関係者が増えているという。筆者が教える大学でも「あまり見ない」と言う大学生が少なくない。かつては家族団らんの象徴であり娯楽の王道などと呼ばれたテレビだが、今やその魅力を失いつつあるようだ。

筆者にしてもニュースやミステリードラマなどは見るが、絶対に見たいと思う番組は減ったように感じている。理由は単純。情報を得る選択肢が増えたからだ。昔ならテレビでしか得られなかった情報が、今やインターネットから簡単に手に入る。娯楽の少なかった時代と違い、現代ではテレビ以外の楽しみ方が無限大に広がっている。こう考えるとテレビの未来に陰りが見えてきたのは確かだろう。

とは言っても、面白いテレビ番組がないわけではない。ただし日本の番組ではない。特に、アメリカのディスカバリーチャンネルやナショナルジオグラフィックといったドキュメンタリーを中心とする番組をよく視聴するようになった。

たとえば、ディスカバリーチャンネルの「アンソニー世界を喰らう」という番組を見て、その迫力と奇抜さに度肝を抜かれた。内容は、アンソニー・ボーディンという米国人の作家が世界各地を訪問し、その土地の食べ物を食し、同時に景観や文化などを紹介するといった旅とグルメの番組である。だが、グルメが基本スタイルであっても、タレントが「おいしいですね」などと紋切り型のセリフを吐くのと異なり、作家ならではの批評と毒舌がこれでもかと言わんばかりに盛り込まれている。単なるグルメ番組で終わらせず、そこにドキュメンタリーの要素が加わっている点も素晴らしい。

ある日の放映では、イラク北部のクルド人地区に入り、地元の料理を紹介するかたわら、イスラム諸国でクルド人が置かれた複雑な状況も概説していた。また、グルメ番組といっても紛争地に入ることから、出演者らがセキュリティー専門会社による実践的なメンタルトレーニングや危機管理を受講する様子も紹介。このシーンを見て、筆者がロイターにいた頃、紛争地を取材する同僚記者が同様のプログラムを受けないと現地に入れないことを思い出したものである。

視聴者が国内のテレビを見放したのは、手をかけた良質な番組が減ったからである。ただし、ディスカバリーのような番組を制作するには莫大な資金と大勢のスタッフが必要だろう。しかし、お金がなければ知恵を出せばどうか。金もない、知恵もないでは日本のテレビ界は本当に終わりを迎えてしまう。「アンソニー日本のテレビ界を喰らう」にならないことを祈るばかりである。

（2013年2月22日）

## ヤラセが奪う信頼　報道止める勇気も

関西テレビのニュース番組「スーパーニュースアンカー」で、内部告発者のインタビューを報道する際、映像を別人に差し替えて放送していたことが発覚した。これについて同局は「不適切な映像表現だった」と陳謝した。

問題となったのは、大阪市職員による兼業の疑いを報じた際の映像だ。内部告発者が自分の映像の使用を拒否したため代役の後ろ姿を撮影し、内部告発者の音声を変えて放映したという。

しかしながら、告発の内容そのものは事実であっても、これはヤラセだと認識すべきである。全く別人であるにもかかわらず、あたかも告発者本人が話しているような「ウソ」の映像を作り出したからだ。内容が内容だけに、音声だけでも十分にインパクトはあり、そんな小細工をしなければよかったのにと惜しまれる。

後ろ姿を差し替えるぐらいかまわないという油断があったのだろう。だが、アリの穴から堤も崩れるという言葉もあるように「これぐらいはいいだろう」という緩みが大きな崩壊をもたらすのだ。せっかくのスクープも、ひとつのウソが全体を台無しにすることを肝に銘じなければならない。今回の場合、先にも書いたように、映像にこだわらず音声のみでも十分にニュースとして成り立ったはずだ。

だが一方で、「もしかしてスクープでは?」と思うようなネタがあっても、十分な確認が取れなかったり、報道しても説得力を持たせられる条件が整わない場合も時にはある。そんな時には、スクープを報じるという魔力に屈せず、あえて止める勇気を持つことがこの上なく重要ではないだろうか。

関西テレビは「発掘！　あるある大事典2」でダイエットをテーマに取り上げた際、実験データを捏造し大問題となった。その事件を受けて信頼回復のために積み重ねてきた日々がまた振り出しに戻ってしまった。筆者は時折「アンカー」に出演してきたが、良質で硬派な番組であり、あえて苦言を呈したい。報道に関わるものとして、自戒をこめつつ。

（2013年3月15日）

## 空気読む記者必要か　馴れ合いの取材に潜む危険

ある社長の定例記者会見に出席するたびに、筆者とある大手紙の記者が社長に怒鳴られていた時期があった。今はもう鬼籍に入られたその社長の怒りの理由はさまざまだっただろう。一面には記者側の勉強不足もあったかも知れない。だが、怒りの大部分は、直球の質問を投げられたことに向けたものだったと考えている。

当時出席していた記者たちの多くが、全く質問しないか、したとしても回りくどい変化球で「ナアナア」の雰囲気を醸し出す質問しか出ない中で、筆者たち2人は異彩を放っていたようだ。

記者たちの多くは、あまり怒らせると後々の取材に答えてもらえないことを恐れてほどほどに済ませよ

う と考えたのかも知れない。また、自宅前で帰宅する社長を待ち構える「夜回り」で尋ねた方が他社と情報を共有せずに済み、効率がいいと思った記者もいたようだ。

個別取材の必要性ももちろん否定しない。だが、記者会見という公の場で、社長に対して、読者が知りたいと考えているであろう質問を直球で投げることは、記者に与えられた非常に重要な役割だと考えている。だから、罵倒され続けたことに対しても全く恥じていない。

さて、安倍首相と記者会見に臨んだロシアのプーチン大統領に、日本のテレビ局の記者が尋ねた質問が話題となっている。北方四島をロシアが実効支配している現状に触れ、「今後も同じような政策を継続する考えか」と尋ね、大統領が怒る場面をテレビで見た人もいるだろう。これを受けて、〝空気を読めない〟この記者を非難する声がネット上などで広がっている。だが、これはおかしい。

取材においては、相手が答えやすい雰囲気を作る努力は必要だ。常に取材相手と敵対しろとは言わない。だが、権力のチェック機能という重大な役割を負うマスメディアが、権力におもねるような態度や質問しか出せないとしたら、その役割を放棄し、国民に甚大な損害を与えているとそしられても仕方ないだろう。

（2013年5月3日）

## 取材拒否にこめた願い　メディアは批判聞けるか

筆者が記者の頃、取材拒否にあうことは腹立たしかった。だから、今の仕事に就いてメディアからコメントを求められるようになった時、できる限り応じようと決めた。

だが、例外は起こる。ある新聞の取材を受けた時のことである。メディアのあり方について話したのだが、その中に当の新聞を批判する言葉があった。同紙は事前に原稿を見せる方針だそうで、見せてもらったが筆者の批判の部分が載っていない。その批判が的外れとは思えず、載せるよう頼んだが渋られた。何度もやりとりが続き、「それなら、私のコメントは全て撤回したい」とまで筆者が言って、ようやくその批判コメントも含めて掲載された。

数年経って同じ新聞の記者からまた取材依頼を受けた。今回もメディアについて。最終的に批判を掲載したとは言え、筆者にとって前回の経験はあまりに苦いものだった。だから、仮に同紙を筆者がまた批判しても掲載するのか尋ねた。すると、前回の経緯について「大きな問題になったとは特段考えていない」とし、筆者の言葉を必ず載せると事前に約束することはできないとの返答が届いた。

筆者も記者だったのだ。取材相手の言葉をそのまま全て載せることなど不可能だとわかっている。ここで問題なのは、自分への批判を受け入れられるかどうかということなのだ。それは簡単なことではない。だが、この新聞は以前筆者との間で「大きな問題」を抱えたにもかかわらず、そのことが全く認識できていないままだった。「前回は最終的に批判コメントを載せたのだから何も問題はないはず」との考えかも知れないが、既に起きた出来事への反省が十分であるとは思えない。結局2回目は取材を断った。いい記事が載ることが多い新聞だけに、コメントできないことは残念でならない。

こういったことはこの新聞に限らない。何かと批判されることが多いマスメディア。批判の声の中には聞くに値するものもある。そこに耳を傾けるなら、読者や視聴者の信頼を得ることができるだろう。

（2014年6月6日）

## 報道に添える名前の重み　「世界報道写真展」を見て

大阪で「世界報道写真展」を見た。世界の5700人を超えるプロの写真家が前年に撮影した10万点近い写真を対象とした「世界報道写真コンテスト」の入賞作品が世界中をめぐっているのだ。

技術の進歩で、誰でもスマートフォンなどで手軽に撮影できるようになったが、メッセージを伝えるという点において、この仕事で「メシを食っている」プロたちの力量をあらためて痛感した。

また、自分の日常とは大きく異なった世界があることが実感できる力強い写真の数々に圧倒された。特に、米国のジョン・スタンマイヤー氏が撮影して大賞を受けた写真には目が釘づけになった。何か光るものを手に持った7、8人の人たちが暗闇に立つ写真は一見幻想的な風景に思えた。だが、アフリカから欧州や中東に向かう移民の通過地点であるジブチで、近隣のソマリアからの弱いが安い携帯電話の電波をとらえて、祖国の家族と連絡を取ろうとしている移民を写したものだと知った時、風景が全く違って見えた。

ところで、ひとつ残念に思ったのは、隣接する会場でやっていた日本の新聞社による東日本大震災の写真展についてである。写真そのものは力強いものばかりだが、撮影者の名前が添えられていなかったのだ。プロのカメラマンや記者たちが、時には危険と隣り合わせで、またさまざまな思いを持ちつつ撮影したであろうことは、世界報道写真展の入賞作品と同じはずである。

日本のメディアでも署名記事が増えつつあるものの、欧米メディアに比べてまだ組織名だけを出す傾向が強い。組織の一員ではあるが、それぞれの思いや責任を強調するためにももっと個人名を出すべきではないだろうか。

さて、大阪での世界報道写真展は既に終了してしまった。だが、いまこの瞬間にも世界のどこかで起きている出来事が撮影され、翌年再び新たな力強い写真の数々が展示されることだろう。

（2014年8月22日）

## CATVの特性生かす番組　地域密着で視聴者に接近

筆者はコメンテーターとして、J：COMチャンネルのニュース番組『関西TODAY』（11チャンネル、月〜金19：58開始）に出演している。

狭い地域に焦点を当てるという点では、地上波の関西ローカル局も役割を果たしている。だが、当番組はケーブルテレビ（CATV）が制作し、大阪の大部分、京都南部、兵庫南部、和歌山北部をエリアとする。通常よりさらに狭い地域で放送するニュース番組というのがこの番組の特徴である。

この特徴をうまく生かした番組になっていると自負しているが、とにかく視聴者への距離が近い。全国や関西全体の番組で扱うには「小さすぎる」ニュースをていねいにすくい上げている。

番組半ばにある特集コーナーが特に個性的である。たとえば、筆者の出演時だけを挙げても、大阪で女性を対象に開かれた起業セミナーや、堺市の子育て支援、京都で発生した馬町空襲、大阪府南部の買い物難民対策、寝屋川市の英語教育などと、バラエティに富むうえにテーマが細かいのだ。大東市の市長の生出演もあった。

もうひとつの特徴が、「まちかど注意報」というコーナーだ。放送エリア内の各府県の警察がメールで知らせたひったくり、露出、痴漢、詐欺、声かけなどについて、地図で地点を示しながら伝える。全国ネットの番組が報じる事件は数が少なく遠いものに感じられるが、この番組では自分のまわりでこれほど多くの小さいが深刻な事案が起きていることを知り、身が引き締まる。

視聴者にとって、世界の遠く離れた所で起きた重大な出来事を知るのはもちろん大切だ。だが、それと同時にごく身近な情報も生活には欠かせない。そのニーズにこたえられているのがこの番組だろうと、自信を持っている。

（2014年9月26日）

## ツカミ万全の台風報道を　漫然とした情報提供に疑問

学生への授業だけでなく、社会人向けの講演も少しずつ増えてきた筆者だが、教室や会場で頭を垂れる居眠り姿を見つけた時ほど落胆する瞬間はない。教員になったばかりの頃は、眠っている学生をつついて起こしたりもした。人の話を聞くのに眠るとは無礼だと、相手を責める気持ちがあったことも否めない。

だが、他の人の講演や授業を意識して聞くようになると、「聞き手を眠らせない話し方」が大切だと感じるようになった。どうやらツカミが重要らしい。仮にどんなに大切な内容が詰まっている授業や講演であっても、ダラダラと「これが大切」「あれも大切」「そういえばこれも重要」などとメリハリなく話し続ければ、退屈して集中力が切れた聴衆が夢の世界にいざなわれても仕方ない。

ツカミが大切と書いたが、その内容や方法は場合による。面白い話で大笑いさせて聴衆の関心を集めてスタートする時もあれば、ややショッキングな話で驚かせるのもアリだろう。または、簡潔に重要ポイントを並べる方法もある。

こんなことをあらためて思ったのは、2週連続で台風がやってきて、テレビでそのニュースを見ていた時だった。ご存知の通り、ほとんどのチャンネルが台風一色なのだ。台風が重大なニュースであることはわかる。だが、他のニュースを伝える時間を大幅に削ったり、他の番組を休止してまで延々と伝えるやり方に改善の余地はないのか。荒れ狂う波打ち際からの実況中継は本当に必要か。状況が時々刻々変わるから台風報道を続けるしかないという人もいるかもしれない。だが、いま多くの局がやっているように画面の左と下のL字型の部分で相当量の情報が流せるし、本当に緊急なものはニュース速報を入れればいい。

今後の台風報道では、テレビ局には漫然と情報を流し続けるのではなく、メリハリの利いた報道のしかたで視聴者をがっちりツカむことを望みたい。十年一日だった選挙報道を変えた局もある。不可能ではないはずである。

（２０１４年10月17日）

## ●記者に一番必要なものは何か、記者たちに聞いてみた

コーヒーブレイク⑤

記者に必要な資質は何か。この問いに対する正解はひとつではなく、記者の数だけ答えがあると言っても過言ではないだろうし、時代の変化につれて答えも変わるだろう。

記者志望の教え子に尋ねられた時、筆者は「強い好奇心」「知らないことを正直に知らないと言えること」「取材相手の尊厳を守れること」と答えた。

ただし、これは筆者独自の考え。記者をしている友人たち十数人に尋ねると、多彩な答えが返ってきた。誠実さ、人懐っこさ、ニュースに対する臭覚、相手の気持ちがわかること、バランス感覚、線の太さ、自分の特徴の生かし方を考える力、体力、熱さと冷静さ、社会人としての常識……等々。

だが、ほぼ全員の答えに共通していたのが「好奇心」だった。何かよくわからない出来事が目の前で起きている時に、「これはなんだろう」と疑問に思う気持ちがなければ、大切なニュースを見逃す危険性が高い。とりあえず目の前にあるものには食いつく野次馬根性を大切にしたい。

## 4 ネット全盛時代のジャーナリズムとは

### 知的財産権保護の現実　あきれたコラム盗用

筆者は大阪日日新聞コラムの他にも、海外の新聞のネット版で定期的にコラムを寄稿した経験を持っている。

ある日、知人から筆者に連絡が入った。ある人物のブログに筆者が新聞のコラムで書いた内容と全く同じものが載っているのだという。確認してみると、筆者が書いたばかりのコラムの内容がそのまま当のブログに載っていた。しかも、筆者の名前はおろか、転載したという言及も一切なかった。

そのブログの内容を過去にさかのぼっていくと、ほとんどが新聞や雑誌に他の人が書いて載っているものばかり。しかも、引用していることは全く書いていない。筆者が書いたコラムも、1本だけでなく数本載っていることがわかった。筆者が寄稿している新聞に知らせると、削除するよう当人に申し入れてくれた。数日経ってすべての記事がブログから削除された。

ここで一件落着と思い込んでいたが甘かった。数週間後にそのブログをのぞくと、今度はある一般紙の記事を数本盗用していたのだ。その新聞で記者をしている友人に知らせると、著作権を扱う部門がその人物に連絡を取った。数日経つとまたすべてが削除された。

しかし、「敵」はまだあきらめていなかったのである。数日前にまたそのブログをみると、またもや、ある団体が菅首相退陣についてホームページに載せた文章が転用されていたのだ。あきれ果てた人物である。

実はこの人物、詳細は書かないが、大阪市議選に出馬し落選。だが、今もある政党で地方組織の要職に就いているのだ。最初の件が起きた時に、その党の事務局に連絡を取ると、党としてもかなり持て余している「コマッタちゃん」な人物であることが伝わってきた。党の職務も解く意向を事務局の人は明らかにしていたが、本人のブログにはその肩書きが書かれたままだった。

筆者のコラムの盗用に関しては、丸々コピーしてブログに貼りつけるというやり方がほとんどだった。ただ、1本だけは、筆者が「私は特に支持政党を持たない、いわゆる無党派層である」と書いたところのみ、その人物が所属する政党の話に勝手に書き替えていた。筆者自身、その政党だけはどんなことがあっても支持しないと以前から決めているだけに、腹立たしさがさらにつのるというオマケまでついたのである。

著作権の保護は、最近になってようやく声高に叫ばれるようになった。世界的に見て日本の製造業の競争力が弱まっている今、ソフトウェアを作る人々や企業の権利を守ることが、国の力を維持するうえでも大切な対策のひとつである。それが、落選したとは言え、政治の世界を志している人物ですら、知的財産権をこのようにないがしろにしているという現実を目の当たりにして、暗澹《あんたん》たる気持ちになった。
他人が作ったものは、それがハードウェアであれ目に見えない知的財産であれ守らなければならない。そういう基本をみんながもっときちんと学ぶべきだと痛感する出来事だった。

（2011年9月2日）

## 便利なネットの落とし穴　訓練や教育で解消を

インターネットは便利だ。その便利さは今さら語るまでもない。だが、その一方で落とし穴もある。強くそう感じることが立て続けに起こった。

そのひとつが、南海トラフ巨大地震を想定して大阪府で行われた「大阪880万人訓練」である。午前11時に携帯電話に一斉にメールを送るという内容だったらしい。「らしい」というのは、筆者は府内にいたのに何も届かなかったからである。コラムの執筆時点では届かなかった理由は不明だった。筆者が使っている機種にはそういったメールを受け取る機能がないために対象外だという話も耳にした。ただし、この機種は人気が高く、筆者の周囲でも相当数の人たちが所有している。友人が訓練後に大阪府に問い合わせたところ、対応機種は各携帯電話会社に尋ねるよう言われたらしいが、そんな情報も事前に準備していないのは、ずさんではないか。

今回は訓練のためだったが、実際に災害発生時に送るメールだったらどうだろう。メールの内容にもよるが、仮に命を左右する情報がネットによってのみ提供された場合、筆者をはじめとする多くの人たちが死んでいたことになる。

ただし、今回のような事態が起きたからと言って、このシステムが全く役に立たないとは思わない。失敗は成功の元である。今回の結果を踏まえて改善や訓練を重ね、災害時に備えればいいのだ。

さて、インターネットのもうひとつの落とし穴は、デマ拡散がかなり容易になったという点である。大阪市営地下鉄の回送電車内で喫煙し停職1年の懲戒処分を受けた運転士が「自殺した」と、堺市の市議がフェイスブックに書き込んだ。だが、後に誤りだと判明して当該ページを閲覧できない状態とし、謝罪したのである。

マスコミしか情報を発信できなかったかつての状況から、個人レベルで簡単に情報を発することができるようになったメリットは言うまでもない。だが、そのメリットの陰に隠れている恐ろしさに無頓着な人があまりに多いことには危惧を感じる。

まず、自分が得た情報は正しいと信じて疑わず、正しさを確認する重要性を認識していない人が目立つ。その上、不確実な情報を拡散することによってどれだけの害悪をもたらすのかも理解していないのだ。とは言え、このような人を一方的に責められない。ネットの使い方の教育を受ける機会はこれまでほとんどなかったはずだからだ。ネットという便利な道具を渡されて突然使い始めた。つまり、自動車教習所に通うことなく、いきなり車を与えられて運転し始めたようなものなのだ。「事故」が起こるのも無理はない。

筆者が働く大学では、資料配布などによって、ネット使用のエチケットを学生たちに伝えようとしている。筆者の周囲にいる学生にもヒヤリとさせられることがあり、そのたびに注意するようにしている。

インターネットは便利だ。だが、便利なものにはトゲがある。それを知らずに暴走してしまうことのないよう、気をつけ過ぎることはないと自分にも肝に銘じている。

（2012年9月7日）

コーヒーブレイク❻

## ●人の話はまず疑ってかかる、それが記者の身上

ツイッターで「ある国でこんなひどいことが起きているのに、マスメディアは全く報じていません！」だとか「ある日バスに乗っていたらこんな親切な行為を見かけて感動しました」と言ったつぶやきを見かけて、すぐさまリツイートをして拡散したことはないだろうか。

だが、ちょっと待って欲しい。それは本当だろうか。親切な行為は本当に行われたのだろうか。何を根拠に自分はそれを信じたのだろう。こういった話はよくまわってくるのだが、実はデマだったという例が少なくない。

もっともらしい話を耳にした時にはすぐに信じず、まずは疑ってかからなければならない。記者としてまず取るべき行動は、それが本当かどうか確認する方法と相手を考えることである。ウソか本当か確認が取れるまでは決して拡散しない。記者であるあなたの口を言葉が出た瞬間から、周囲の人は「記者であるあの人が言っているのだから本当なのだろう」と信じる。それぐらい責任の重い仕事なのである。心してかからなければならない。

パート3

# 東京とは違う尺度でモノを見る

第5章

# グローバルな見方で日本を眺めると

日本国内のさまざまな職場で国籍が違う人たちが共に働くことが多くなってきた。各地で外国人観光客を見かける機会がとみに増えてきている。時には道を聞かれることもある。行き先までの道のりを教えてあげるのは、さほど難しいことではない。だが、日本についてもっと詳しく知りたいと言われた時、たいていの人たちは尻込みしてしまうのではないだろうか。

自信を持って話せる内容を用意するために、日本の過去や現在について勉強をするのも必要である。と同時に、外国人の目には日本がどのような国だと映っているのかを知るために、この国を客観的に見る力も養わなければならない。日本に住んで当たり前だと思っていることを疑ってみること、さまざまな生き方をしている人々と国の内外で触れ合う経験を通じて多様性を理解することが、それを助けるのではないだろうか。

# *1* グローバルな目線を養うには

## 郷に入っては郷に従え　文化の違いを楽しむ

ガシャーン。

「失礼いたしました！」

愛媛の魚がおいしい北新地の店で、友人と飲んでいた時の出来事だ。このお店は魚が新鮮で、煮つけなどが美味しいだけでなく、愛媛出身の店主ご夫婦や店員たちの受け答えも明るくて気持ちがいいので、よく通わせてもらっている。

その店で、店員がお皿だかお盆を床に落として大きな音を立てた直後、お客さんたちの間には一瞬の静寂が広がった。でも、店員が「失礼いたしました！」と謝った後は、まるで何もなかったかのように、お客たちはそれぞれ元の話題に戻っていった。

その光景を見ていて、去年アメリカへ行った時のことを思い出した。ワシントン郊外に住むアメリカ人の女友達が、夕食時にファミリーレストランのような店に連れて行ってくれたのだ。子連れ客がかなり多くにぎやかなその店の中で、店員が何かを床に落としてしまい、大きな音を立てた。すると、まわりにいるお客たちが、いっせいに歓声を上げ拍手をした。

日本から同行していた友人はあっけにとられて、その光景を眺めていた。そこで、大学生の時にアメリカに留学したばかりだった筆者が、大学のカフェテリアで似たような場面に出くわしてびっくりしたことを話し、「アメリカ人ってこういう時にこういう反応をするのよ」と説明してあげると、驚きながらも納得してくれた。

日本であれば謝らねばならない深刻な問題が、外国では明るくあしらわれてしまう。そういった文化の違いは興味深い。

逆のケースを経験したのは、ロイター勤務時代にロンドンで働いていた時のことだ。ロンドンでは頻繁に雨が降る。その朝も確か、最寄り駅から職場まで傘をさして歩いてきたのだった。傘を広げて床に置いて乾かしておきながら、仕事を始めた。しばらく経つと、同僚の英国人がそばに寄ってきた。「なんで傘を広げてるの？」と口調がやや険しい。「なんでって、傘を乾かそうと思って」と答える筆者に、「建物の中で傘を広げるのは縁起が悪いからダメだよ」と同僚。驚きの瞬間だった。でも、「郷に行っては郷に従え」。いくら知らなかったとは言え、彼らの習慣を踏みにじって嫌な思いをさせたくない。あわてて筆者は傘を閉じた。

こういった、ごくわずかな経験だけを見ても、育った環境が違う人々が一緒に暮らすことは難しい。でも、だからこそ興味深いし楽しい。外国ほど違いが大きくはないが、筆者は今、生まれ故郷の東京とはいろいろ違う大阪を観察しながら楽しんでいる。

（2010年9月17日）

## 海外のクリスマス　静かで特別な日

クリスマスイブ、そしてクリスマス本番は、どのように過ごす人が多いのだろうか。自宅で、または忘年会シーズンの締めくくりとして街のどこかで、ほろ酔い気分となる人もいるのだろうか。

海外で筆者が過ごしたクリスマスは、アメリカのボストン郊外と英国のロンドンでだった。ご存じのかたも多いだろうが、どちらの国もクリスマスは、街でにぎやかに過ごすよりも家族や親しい仲間が自宅に集う機会となっている。

ボストン郊外の女子大で筆者は寮生活を送っていた。しかし、普段はにぎやかな寮も多くの学生が里帰りするこの季節。筆者は知人のアメリカ人女性の家に、クリスマスをはさむ数日間招かれた。24日や25日は、女性の親戚たちがやってきてパーティをしたり、逆に女性に連れられて親戚たちの家を訪れて過ごす。参加者の顔ぶれを事前に聞いておき、全員にひとつずつ行き渡るよう、日本からのおみやげをラッピングしたことを思い出す。

一方、ロンドンで過ごしたクリスマスは、また違った意味で印象的だった。当時の筆者は、ロイターが配信するニュースを取材したり、英語で世界各国の記者が書いた記事を日本語に翻訳するために駐在していた。クリスマスイブ、クリスマス、そして26日のボクシングデー（郵便配達人などに贈り物をしたりする英国の祝日）も出勤した。が、普段は記者たちがあふれかえるオフィスにはほとんど人が見当たらない。緊急事態に備えた技術者や記者がほんの数人詰めているだけだ。ニュースもほとんど出ない。広いオフィスをスパークリングワインのびんと紙コップを手にして筆者が歩き回り、同僚を見つけてはついであげて乾杯をしたこともあった。

人がいないのはオフィスの中だけではない。バスや地下鉄といった通勤の足も、24日と26日はかなりの間引き運転、25日には完全に止まる。事前に往復のタクシーを予約しておくのだが、クリスマス特別料金が上乗せされていた。もっとも、そういった経費は会社も織り込み済みできちんと負担してくれた。また、筆者自身の出勤に対しても特別手当が出ていたので、それほど悪くない話ではあった。

あの静けさ、そしてほとんどの人が働かなくなる雰囲気は、日本のかつての正月に似ている。筆者が小学生時代を過ごした1970年代の正月三が日は本当に静かだった。来客を迎える父に頼まれて近所の店にたばこを買いに行くと閉まっていた。自動販売機で買おうにも小銭しか使えず、1000円札を持たされた筆者は両替をする場所もなくたばこを買えなかった。「お正月は普段と全然違う。買い物すらできない」と途方に暮れたことを思い出す。

ここ数十年の日本の発展を否定する気持ちはないし、年中無休24時間営業の店の便利さも捨てがたい。でも、少々不便でも年に数日ぐらいは「ちょっと特別で静かな」気分を味わえる時が残っていてもいいのに、と思うこともあるのだ。

（2010年12月24日）

## 冬の太陽　「当たり前」の価値

2011年初頭は記録的な寒さとなった。筆者が住んでいる大阪府北部も、かなりの冷え込みが続いた。しかし、寒いながらも、空には雲がなくすっきりと晴れ渡る日が多い。典型的な太平洋側の冬の気候だ。筆者が生まれ育った東京郊外もこのような気候が毎年冬になると続いた。寒さにふるえながらも陽光がまぶしいというのが、筆者にとっては当たり前の冬の風景だった。

でも、「当たり前」の風景は、それを手に入れられなくなって初めて、ありがたみを感じられるものだ。1990年代半ば、筆者はロンドンで冬を過ごしていた。「一日のうちに四季がある」と言われるほど気候の変化が激しい英国。だが、冬はとにかく毎日のように空が灰色。変化と言えば、雨が降るか降らないかの違い程度となってしまう。

ロンドンの緯度は北緯51度。日本で言えば、北海道よりもさらに北である。しかし、意外に寒くはないのだ。これは、海流の影響らしい。予想外の暖かさでありがたかった。

ただし、その緯度の影響で、冬は昼間の時間が極端に短い。朝8時頃に明るくなり、午後4時前には日が沈んでしまう。取材のために日中に外に出られる時はまだいい。灰色ではあっても、いちおう明るい空を見られるからだ。しかし、オフィスにこもりっぱなしの日だと、朝暗いうちに家を出てオフィスに着き、仕事が終わって帰宅する時には暗いということもしばしば。

冬は寒くてまぶしいのが「当たり前」だった筆者には、想像を超える痛手だった。そのため、当時与えられていた有給休暇のほとんどすべてを1月に取り、日本へ一時帰国するということを、ロンドン駐在期間は毎年繰り返したのである。いま思えば、せっかくの休暇をもっと有効に活用して欧州を夏にのんびりまわるなどすべきだったのかも知れない。しかし当時の筆者にとって、冬に太陽を浴びたい、それまで「当たり前」と思っていたものを取り戻したいという欲求が何にも増して強かったのだろう。

当たり前のもののありがたさを認識せずにいるのは、何も気候などに限ったことではない。いつも一緒に住んでいる家族かも知れないし、長年付き合いが続いている友人の場合もある。また、仕事であったり、お金、住まいなど、人によって本当にさまざまだろう。手に届かないところに行ってしまってはじめて、失った痛みを感じ、ありがたみがあらためて身にしみることは少なくない。

冒頭の話のように、帰国して太平洋側に住めばまた取り戻せる「当たり前」のものならばまだよい。しかし、失ってしまったら永遠に戻らないものは多い。そういったものは、目の前にあるうちにその価値を十分に認識して大切に扱わなければならないと肝に銘じている。

（2011年1月14日）

## サマータイム　時間過ごし方工夫を

夏のある日、夜釣りに出かけた。その日は通常なら筆者は休みとなる日曜だったが、昼間は山積みの仕事を自宅で片づけなければならなかった。一段落した後の夕方に大阪湾で釣りを楽しんだのである。

釣果はセイゴ1匹とマアナゴ2匹。大漁とはいかないが、前者はムニエル、後者は白焼きで、どちらもおいしく食べた。海からの風が涼しい堤防の上は、日中の焼けるような日ざしや、夜になってもまだ熱気がこもっているマンションの自室に比べ、仕事を終えた後の解放感も加わってか、清涼感にあふれていた。

そんな心地よい夜を過ごしていたら、サマータイムを独自に導入して、通常より早く始業・終業する企業があるという話を思い出した。他社の従業員がまだ出勤していない朝の涼しい時間帯に働き始め、他社より早く仕事を終える。それによって電力使用ピーク時の電気使用量を減らして節電に協力するという仕組みだそうだ。昼の時間が長い夏に、明るい時間を有効活用するというアイディアは悪くない。ただ、「夕方の時間帯があいたら何をするのだろう」という疑問が浮かんだ。効果や従業員の反応はどうなのだろうか。

筆者は以前英国のロンドンに住んでいた。大阪よりもかなり北にあり、だいたいロシアのサハリンあたりだ。このため、冬は午後4時前に日が沈むが、夏になると日没が9時半近くの時もあり、「デイライト・セービング・タイム」を3月末から10月末まで導入している。この言葉、日本語ではサマータイムと訳されているが、直訳すると「日光節約時間」。つまり、明るい時間を生かして早めに働き始めるわけである。

そうして早く始まった一日を終えたロンドンでは、夕方を有効に使う姿を目にした。クラシック音楽の野外コンサートがよく開かれていたし、街の至るところにあるパブでは、室内はがらんとしているが、外に置かれた高いテーブルを囲んで立ち飲みをしている人たちがあふれていた。大きな公園では仕事帰りらしい大人たちが芝生に座ってビールを飲んだり、サッカーに興じたり……といった光景も見かけた。

今回、日本で広がっている自主的サマータイム導入の主な目的は節電だ。早い始業はおそらく効果的だろう。だが、早く仕事が終わった後、たとえばエアコンがきいた自宅や居酒屋で飲み食いしていたら、節電効果は薄れてしまいかねない。とは言え、朝晩はやや涼しくなる日本ではあるが、たとえばロンドンに比べればあまりに湿度が高すぎるので、蒸し暑さをがまんし過ぎるのも身体に毒だ。

でも、本当に効果的な節電を目指してサマータイムを利用するならば、夕方以降にも、無理なく節電できるような工夫をもっと凝らしていかねばならない。もちろん誰もが釣りをしなさいと言っているわけではない。ひとりひとりの興味・関心に合っている、多様な遊び方・時間の過ごし方を工夫する時に来ていると思うのだ。

（2011年7月8日）

## ロンドンの街を歩いて　増えた欧州系外国人労働者

英国のロンドンに行ってきた。街では、至る所で道路や建物を工事している現場に出くわした。夏季五輪までちょうど1年、急ピッチで準備を整えようとする勢いとにぎやかさが感じられた。

ロンドンの街を歩いていて、1990年代半ばに筆者が住んでいた頃とは違っていることに気づいたのが、英国人以外の労働者が多くなっていたことだ。ランチを食べるために入ったレバノン料理店で働いていた女性はポーランドの出身。夏の数週間アルバイトのために来ているのだと話した。たまたま立ち寄った高級ホテルのドアマンも、同じくポーランドから働きに来ていた。また、観光バスのチケット売り場にいた男性は、ポルトガル出身だと教えてくれた。筆者が宿泊したホテルのフロントの女性には出身を尋ねそびれたが、明らかにつ い最近英国に来たばかりとおぼしき、訛《なま》りが非常に強い英語を話していた。

ご存じの通り、英国は多くの植民地を抱えていた歴史を持つ国である。そのため、旧植民地にゆかりのある外国人たちがロンドンに住む風景はよく見かけるものだ。頭脳労働のために高い賃金で雇われてやって来た外国人たちも以前からいた。だが、今回目立っていたのは、欧州連合(EU)圏内の労働者、それもそれほど賃金が高いとは言えない労働者たちである。

筆者の勝手な思い込みだろうか。そこで、筆者とほぼ同じ時期にロンドンに住んでいた経験を持ち、今は帰国して東京に住む友人に確かめてみた。すると、彼女もロンドンを再訪した際に、やはり欧州系の外国人労働者が増えたように感じたのだという。「宿泊先のホテルのフロントにいる人はほぼみんな外国人だったような気がする。以前だったらホテルの顔になるような場所ではここまで多くなかったのに」と言っていた。おそらく賃金差の大きな国の労働者が、雇用がまだ比較的安定している英国に流れ込んできているのだろうという彼女の推測が、筆者も正しいのではないかと思っている。

ギリシャなどの財政問題をきっかけに欧州全体の金融危機に対する懸念が非常に強くなった。問題が悪化すれば、ロンドンではさらに労働者の流入が加速する可能性もあるだろう。ただ、そうなれば、英国人の雇用を奪うことは容易に想像できる。英国だって、現状に不満を持つ若者たちを中心に暴動が起きた。新たな火種を抱えることになりはしないか。

ひるがえって、わが日本。コンビニエンスストアや居酒屋などさまざまな場所で中国人をはじめとする外国人の店員を見かけないことが珍しいほどに、一昔前と比べて状況が変化している。今後も、日本と周辺諸国の経済状況などの変化に応じて、外国人労働者がさらに増えていく可能性はある。もしそうなった時に、日本の労働者はどう反応するのだろうか。

外国人排除の動きが起こるのか、それとも共生の道を歩むのか。そんな思いが交錯した英国への旅だった。

（2011年9月30日）

## ロンドンで減少した日本人観光客　若者は主体性持ち海外へ

ロンドンの旅では、外国人労働者の増加以外にも気になることがあった。日本人観光客の少なさである。1998年までの数年間住んでいた筆者がロンドンの街を歩いていた頃に比べ、「なんだか少ないなあ」と感じられて仕方なかったのだ。

そう感じたのは、中国人観光客の増勢が著しいことも影響したかも知れない。仮に日本人観光客の数そのものが減っていなくても、大挙して押し寄せる中国人の陰に隠れて目立たなくなることはありうる。ロンドン住まいが長い日本人の友人によると、街の中心地にある高級ブランド店にも、以前は日本人の店員が目立ったが、今では中国語を話す店員が多いらしい。「中国人は昔の日本人みたいにお金を使ってるよ。日本は今や極東の斜陽の大国というか小国と化している気がする」と話していた。

ただ、どうやら中国人が目立つだけでなく、日本人の数もやはり減っているようだ。東日本大震災、福島第1原発の事故の影響で、海外旅行どころではない日本人はかなり多い。ただし、これはどちらかと言えば一時的な要因による減少である。

それに加え、中長期的なトレンドもあると感じた。ロンドン名物の2階建てバスで、パスを買えばルート上の好きな地点で一日に何度でも乗り降りできる便利な観光バスがあり、いくつかの会社がそれぞれ運営している。日本を出発する前にある観光バス会社のホームページを見ると、生のガイドは英語だが、録音した案内をイヤホンで、英語、フランス語、ドイツ語、イタリア語、スペイン語、ポルトガル語、ロシア語、日本語の8つから選んで聞けると書いてあった。しかし、いざバスに乗り込むと、日本語ではなく中国語に切り替わっていたのだ。

帰国後にメールでこの会社に問い合わせてみた。返信メールには、この変更は2011年4月からであること、8言語のうち日本語の利用者が最も少なかったこと、日本の観光客は日本語ツアーを専門とする業者の観光バスを利用する率が高いこと、戦略的に中国は重要なマーケットであること、等々が書かれていた。しかし、いくら日本語ツアー専門の業者を使う日本人が多いとは言え、このバス会社が日本語の案内を外すのはよほどのことなのではないか。

なぜ、ロンドンを訪れる日本人観光客は減ったのか。原因はひとつではないのだろう。海外に行きたがらない若者が増えていることをよく耳にする。それでも、「安・近・短」の中国や韓国は人気のスポットだ。ブームと言ってもよいほどで、今やこの2カ国のどちらかに行ったことがない人を探すのは筆者の周りでは難しいほどだ。日本との間に悲しい歴史を持つ両国との距離が縮まるのは悪いことではない。ただ、「みんなが行っているから行く」のではなく、「私が行きたいから行く」という気持ちであって欲しい。そしてロンドンに行きたい人も再び増えて欲しい。大好きなロンドンの街並みを眺めながら、そんなことを考えた。

（２０１１年10月7日）

## ロンドン五輪が開幕　英国の食知るきっかけに

ロンドン五輪が開幕を迎えた。テレビで街の様子を見ていると、多くの施設が用意され、地元の人のみならず国の内外から訪れたたくさんの人たちも盛り上がっている様子が伝わってくる。

筆者がロンドンを最近訪れたのはその1年前、２０１１年夏のことだった。市内を2階建てバスやブラックキャブで移動していると、いたるところで五輪のためらしい工事が行われていた。古めかしくて変化がないイメージが強い英国だが、実際にはどんどん変身を遂げているのだ。

さて、英国のもうひとつのイメージとして、「食事がおいしくない」というものがある。筆者は１９９０年代半ばから後半にかけロンドンに住んでいた。それを明かすとほぼ例外なく「英国って食事がまずいんでしょ？」という質問を受ける。だが、筆者の個人的な経験からいうと「かなりおいしい」と答えたくなる。

まず、スーパーマーケットや市場に行くと、そこに並ぶ食品が多彩なのだ。以前は野菜の品揃えが貧弱だったと聞いたことがある。だが、少なくとも筆者が住む頃までには相当な種類の野菜が彩り華やかに並ぶようになっていた。また、魚介類も豊富だ。ロンドン中心部にあるスーパーに入ると、大きな魚売り場に数多くの種類があふれんばかりに並ぶ。これだけ豊富な食材が手に入るのだ。さまざまな料理の可能性があると考えておかしくない。実際に、筆者が住んでいた下宿はまかない付きではなかったものの、大家の英国人女性がよくおいしい英国料理を作ってごちそうしてくれた。

また、英国と言えばどんな小さな町に行ってもパブがつきものだ。パブと言えば通常はビールを中心としたアルコールを飲む場所である。食べ物と言えば、小さな袋に入ったナッツやポテトチップしかないパブが多い。だが、筆者の職場の近くにあった人気の高いパブではおいしい料理を提供していたのを覚えている。こういったパブは「ガストロパブ」と呼ばれるらしい。長年ロンドンに住む日本人の女友達に聞くと、こういったスタイルのパブは増えているそうで、筆者もそんな店のひとつに連れて行ってもらった。有名人もよく訪れるというそのパブの食べ物を堪能した。

また、英国の中でもロンドンは、東京などよりずっと国際的な街である。人種のるつぼと呼ばれるニューヨークほどではないにせよ、さまざまな国の人々が住む。ということは、そういった国々の料理を出す店もあるということだ。そういうバラエティの豊富さ、各国料理の個性やおいしさを味わうと、到底「英国は食事がまずいんでしょ?」という質問を肯定する気にはなれないのだ。

さらに、英国と言えば紅茶、と思い浮かぶ人には、コーヒー店が相当増えてきていると実感したこともお伝えしておきたい。

ロンドンは引き続き多くの変化を遂げていることだろう。ロンドンを訪れる人は、新しいロンドンを自分の五感で確認してみてはいかがだろうか。

（2012年7月27日）

## 古さが価値持つ成熟社会　長く使いたい家やクルマ

2008年に新車で購入した筆者の愛車の走行距離は、毎年約2万キロメートル。都会で遊ぶよりも、釣りやキャンプ、温泉が好き。おいしいもののためには長距離ドライブも厭わない。大きな事件や事故が起きたらできるだけその現場に足を運びたいのだ。

これまでに大阪から最も遠くまで運転したのは石巻。東日本大震災から1年経った2012年3月に、津波の爪跡や、石巻日日新聞の壁新聞をこの目で見たくて、車を走らせた。一方、かき氷の「白くま」を食べようと鹿児島へも行った。

ところで、車と言えば、時々見ているテレビ番組のひとつにディスカバリー・チャンネルの「名車再生！ クラシックカー・ディーラーズ」がある。これは、男性2人組がくたびれたクラシックカーを購入して修理した後に売却して利益を得ようとする番組である。自分で売ったポルシェが生まれ変わったのを見て、相当値が上がったにもかかわらず買い戻した男性も登場した。

番組を見ていると、筆者がロンドン在住の頃に出会った若い人たちが、お手頃な価格で買った家を直し、付加価値をつけて売却し、より高価な家に住み替えていたことを思い出した。そうやって古い家は価値を保ち続け、代々伝わっていく。

ひるがえって日本の住宅はどうか。とにかく新しさばかりを重んじ過ぎる。高温多湿な気候や地震の多さなど、英国とは条件が違い過ぎるのは確かだ。それでも、家つきの土地を売っても建物にはほとんど価値がないという考え方にはなじめない。

古い神社仏閣の保存にはピカイチの技術を持つ国であり、一部の古民家は古い良さと現代的な便利さを組み合わせて今も使われている。新しいものを生み出してはすぐに捨てるばかりではなく、古いものにも価値を感じられる国。そんな深みを持つ成熟した国がこれから進むべき道ではないだろうか。

さて、わが愛車。部品を交換することもあったが、いまだに外見にも走りにも衰えの兆しはない。まだまだ長くこの車に乗り続けるつもりでいる。

（2013年11月29日）

## 待望の環状交差点導入　周知で嫌悪感を除けるか

筆者の自宅の近所には、車を運転していて通りづらい小さな交差点がある。信号がなく、四方から車が来た時ににらみ合ったり、譲り合い過ぎて4すくみになったりする。事故が起きたこともあった。

そんな状況に解決策をもたらしそうな動きが出てきた。「環状交差点（ラウンドアバウト）」の導入と新ルール運用開始である。改正道路交通法が施行され、全国のいくつかの環状交差点で新しい通行ルールの運用が始まった。「時計回りの一方通行」「環道内の通行の優先」「環道外に出る際は左折ウインカーで合図」などと決められている。

筆者がかつて住んだ英国では至るところに大小の環状交差点があった。今回日本で導入されたものと同様、信号機がない。英国にいた時も筆者は車を運転していた。ただ、それまで10年ほど全く運転しない時期があったため、当初は運転そのものに手こずったが、環状交差点にはさらに戸惑った。交差点に入るタイミングがわからない、環道外に出るべきところで出られるのか不安、といった具合だ。だが、周囲から「右から車が来ている時は入っちゃダメ」「うまく出られそうもない時は、何回もぐるぐるまわっていればいつか出られる」と言われるうちにコツをつかんだ。と同時に、よさが見えてきた。信号機がないために停電は関係ないし、交差点に徐行して入るため事故を減らしやすい、車が流れやすく渋滞が起きにくい。

ただ、この新しい環状交差点、日本ですぐになじむとは考えにくい。実際、数年前に日本から英国を訪問した際にレンタカーを運転したという友人は「環状交差点は訳が分からず嫌だった」と今でも顔をしかめる。日本でもおそらく当面は戸惑いが大きく、嫌う声も出るだろう。そこで必要になるのが、環状交差点の使い方や新しいルールを周知徹底させる警察やメディアによる努力である。

いつの日かわが家の近所にも小さな環状交差点ができる日が来るだろうか。そのような環境が整う日を心待ちにしている。

（2014年9月5日）

## 2　日本の姿を客観的に見ると

### 女性の選択肢　米にかなわぬ多様性

我謝京子《がしゃきょうこ》監督のドキュメンタリー映画「母の道、娘の選択」を見た。2009年に完成し、東京国際女性映画祭やニューヨーク国際インデペンデント映画祭で招待作品に選ばれた映画だ。

我謝さんと筆者はロイターの同僚だった。同じプロジェクトで働いたことがあり、筆者がニューヨークを訪れた時に一緒にごはんを食べたり、彼女が大阪へ来た時に我が家に泊まってもらったりもした。テレビ東京の記者として、ペルーの大使公邸占拠事件をはじめとするさまざまな取材で多忙な生活を送っていた我謝さんは、娘と過ごす時間をもっと取りたいと考えていた時に、ニューヨークのロイターで記者の仕事があると耳にした。そこで、テレビ東京を辞めて、娘を連れて渡米した。

映画は、我謝さんと茶道の先生であるお母さんとの会話から始まる。厳しいお母さんに反発して小さな家出を繰り返した幼い頃の自分や、娘との時間など、さまざまなことへの思いを我謝さんが語る。そして、テレビ東京時代の彼女を語る元上司、渡米直後に遭遇した同時多発攻撃を記者として報じた際の彼女の画像など、多角的に我謝さんという人物を浮き彫りにしていく。

と同時に、ニューヨークに住む日本人女性たちへのインタビューの様子も画面にあらわれる。渡米の時期や理由、あちらでの仕事など、彼女たちはそれぞれが異なった背景を持っている。ただ、共通していたのは、日本にいるよりもアメリカにいたほうが、選択肢が多くて自由だと感じているという点だった。日本だって女性の社会進出はぐんと進んだし、人生設計も多様化している。だから一概に「アメリカは進んでる、日本はダメだ」などとは言いたくない。でも、やはり、女性が何歳になっていようと自分の生きたいように生きられる選択肢の広さは、どうやらまだまだかなわないようなのだ。

もうひとつ印象的だったのは、幼い頃から受けた母親からの影響を、それぞれの女性たちが今も少なからず残している点だった。ある女性は、以前は自分の母親のように、学校を出て会社に勤めて結婚相手に出会って結婚して子どもを産んで「普通に」日本で暮らしていくことをごく自然に望んでいた。しかし、50代半ばで病死した母親の日記を読み、母親自身がそういう生活を望んでいなかったことがわかった。その時から、娘である彼女の生活も大きく変わったのだという。

我謝さんの映画は、筆者が勤務する近畿大学の2年生の女子学生2人とともに見た。「我謝さんって、とってもパワフルな人ですね」と、そのうちの1人が鑑賞後にもらした。「私はお母さんのことは大好きだけど、同じようになりたいというのとは違う気持ちを持っている」とも。2人は、海外留学のために日本を留守にすることになっている。より多くの選択肢に出会って、パワフルさを身に着けるであろう彼女たちとの再会が今から楽しみだ。

（2010年11月19日）

## やっかいな和製英語　時間を浪費するよりも

「ボリューミー」という言葉を時折テレビや雑誌で見かける。意味がはっきりとわからなかったので、番組や記事の内容から推測したり周囲の人たちに尋ねたところ、どうやら「たっぷりとした」という意味合いらしい。

念のために意味を確認しようと英和辞典を引いてみた。だが見つからない。そこで今度は英語に堪能《たんのう》な複数の友人に尋ねた。すると、そういう英単語はないとのこと。つまり和製英語らしいのだ。量が多いことを意味する「ボリュームがある」から発展してこの言葉が生まれたようだ。ちなみに、ボリューミーの代わりなら、「バルキー」「マッシブ」などが近いだろうというアドバイスももらった。

和製英語はこれまでにも多く生まれてきた。たとえば車に関するものだけを見ても、「サイドブレーキ」「バックミラー」「フロントガラス」などはすっかり日常生活に溶け込んでいるが、英語話者には通じない。

このように英単語がその国の言葉と混じりあって独特の言葉が生まれるのは、どうやら和製英語に限った話ではないらしい。ゼミの教え子がそういうことを調べていて、日本以外の非英語圏でも各国で生まれた「英語もどき」の言葉があるらしいと教えてくれた。

ただし、筆者にとって、和製英語は厄介で面倒なものという印象が強い。たとえば、英語で話している時に「たっぷりとした」という言葉を使いたくなったら、ふと浮かぶのが例の「ボリューミー」となる可能性は高い。なにせ最近頻繁に耳にしているからだ。だが、この単語は通じず、あわてて他の単語を探すことになる。

どうせ英語もどきの言葉を覚えるのに時間をかけるなら、英会話でも使えるものを覚えた方がいい。ただでさえ日本人は英語を覚えるのが不得手と言われているのだ。日本語話者にしか通じない言葉を覚えるのに時間を使うのは無駄である。

ところで、「ナイーブ」という言葉を耳にする時も気になる。英和辞典を引くと「無邪気な」「判断力に欠けた」などと載っている。日本語の会話で「ナイーブ」を使う時は、前者に近かったり、「純粋で傷つきやすい」との意味合いで使うことが多い。だが、英語では、後者の意味合いで相手が無知だとばかにする感じで使うケースが圧倒的に多い。すでに日本語で定着した言葉であることは確かだが、その調子で英語で相手に「あなたはナイーブですね」などと言った日には相手の怒りはいかばかりか、考えるだけで恐ろしい。

英語さえできれば人生なんとかなるほど甘くはないが、英語を使えないよりは使えた方が仕事や生活の選択肢が広がるのは事実。「もどき」を作り出すのもいいが、本当に英語を使えるようにするためには、正確な言葉の意味を知ることも大切である。

（２０１２年11月30日）

## 英語の情報発信は必須か　英語力と国際感覚は無関係

橋下徹氏の従軍慰安婦発言を契機に、外国メディアに対して英語で情報発信すべきだとか、英語が話せなければ国際感覚があるとは言えない、といった意見が出ている。だが、外国メディアの記者だった経験を持ち、日本語と英語を話す筆者にはそうは思えない。

かなり昔だが、外国メディアの東京支局のある外国人記者がスクープを放った。経済政策に関して、ある日本政府関係者がその記者とのインタビューでかなり踏み込んだ発言をしたのだ。実は、その記者は英語が母語だが日本語も流暢に話すことが知られていた。だが、その政府関係者が普段から日本語より英語で話したがることを逆手にとり、記者はあえて英語でインタビューした。その結果、日本語ならあいまいにできたはずの話が、英語では非常に直接的な表現となってしまい、そのまま記事となって大きな反響を呼んだのだ。

今般の橋下発言の騒動でも、日本国内の人々は外国メディアの影響力を非常に恐れている。そのくせ、外国メディアの日本語理解能力を過小評価している。つまり、「外国メディアの記者は日本語がわからないから、きちんと報じてもらえない。だから、英語で情報発信しなければならない」と考えているのだが、これは大きな誤解だ。

筆者が知る限り、日本を取材する外国メディアの記者の大多数は日本語が非常に流暢である。ある国を取材する際、その国の言語に堪能なことは基本中の基本だ。仮にその言語が話せなければ、能力の高い通訳を自分で用意して臨む。取材相手側の通訳や翻訳に頼っては、本当に必要な情報を得られないからだ。

世界で英語話者が多い今、英語を話せるように努めることは悪くない。だが、「英語力イコール国際感覚」ではないことは、米国人や英国人全員が自動的に国際感覚にあふれているわけではないことからも自明だ。真の国際感覚とは、自分の国や文化とは異なる考えを持つ人々がいるという想像力を持つこと、そして、その異なるものを可能な限り知ろうとする努力を払うことなのではないだろうか。

（2013年5月24日）

## 日本語はどこで学ぶか　思い込み捨てる節度を

朝の情報番組で、ヤンキースに入団する加藤豪将《ごうすけ》選手がインタビューに応じる様子が映し出されていた。加藤選手は米国生活が長いが、日本語は話せる。訛《なま》りもない。だが、その後スタジオにいるコメンテーターが発した言葉に驚いた。彼の日本語のことを「片言だ」と言ったのだ。海外に住めば日本語は片言になるというステレオタイプな思い込みがなせるわざだろう。

筆者の周囲には帰国子女の友人が多い。彼らのほとんどがネーティブと同じ水準の英語を話す一方で、きちんとした日本語も話す。むしろ、日本で育ってテレビ番組の影響を受けたり、幼い頃に友人と汚い言葉の応酬をする経験が少ない分、〝正統派〟で品を兼ね備えた日本語を話すケースを見かける。彼らがきれいな日本語を話すのは、親の努力に負うところが大きい。日本語を話す環境が少ない中で、母語を保たせる工夫をする親は多いのだ。帰国子女の友人たちに聞くと、月曜から金曜は現地の小学校に通って土曜だけ日本の学校で授業を受けたり、日本の塾チェーンが海外で経営する塾で日本語を学んだり、自宅で毎日のように漢字の書き取りをしたりといった経験を話してくれた。

また、現在海外で子育てをしている日本人の友人たちの中には、日本語学習の機会を子どもに与えやすい地域に移り住んだり、長めに一時帰国できた場合には、子どもを日本の学校に一時的に通わせて日本の風習に触れる機会を与えている人もいる。

ステレオタイプなイメージを持つ人は、経歴や性別などわかりやすい〝記号〟を頼りに、性格や生活ぶりを決めつけがちだ。筆者もそれをやられて閉口することがある。個人間の場合は相手から離れれば済む。

だが、今回のように、毎週その情報番組に出演していて大きな影響力を持つ発言をする人が、実態を知らないまま話すのは危険である。知らないことをむやみに話さない節度は、コメンテーターを務める上での責任の一端ではないだろうか。

（２０１３年６月21日）

### コーヒーブレイク⑦

### ●情報は偏見なしに幅広く拾い集める

週刊誌の中吊り広告を見てから実際の記事を読むとガックリする経験はよくある。また、不十分な確認のまま書いているとしか思えない記事も目にする。だが、だからと言って、週刊誌はすべて当てにならないわけでもない。

実は新聞記者が「アルバイト原稿」を週刊誌に匿名で寄稿しているのは、業界では知られた習慣だ。自分が所属する新聞では書けない、タブーに近いような内容を執筆するわけである。

また、週刊誌のみに書く記者の中にも、新聞やテレビ以上に取材源に肉薄し、なかなかあぶり出せなかったような事実を報じている記者がいる。特に暴力団や政治家がらみのスキャンダルなどデリケートな問題は、新聞やテレビが奥歯に物がはさまったような報道に終始し、週刊誌が先行する傾向にある。

新聞もテレビも、また週刊誌やネットメディアも一長一短。より真相に迫るには、多様なメディアに接して断片的な事実を集め、読み手自身が主体的に読み解くことが大事なのだ。優秀な記者であればあるほど、さまざまな情報源を持ち、情報を拾い集め、高い分析能力で読み解いている。

# 第6章 地方のいまと未来

首都・東京への一極集中が今までにも増して進行している。地方に行けばシャッター街が目につき、後継者のいない農家が耕作を放棄した田畑が増えている。若者は仕事を求めて都会に出て行き、高齢者だけが残される。東京というひとつの大きな町だけに人口が集中する状況で、日本が国として機能し続けることは難しいのではないだろうか。大都市に負けない魅力や特徴を、日本各地に点在する多くの小さな町や村が持つことが、今ほど求められている時はない。

## 1 都市に負けない田舎の魅力

### 九州新幹線全線開通6カ月　近くなった名物「白くま」

2011年9月11日は、米同時多発攻撃から10年、そして東日本大震災から半年を迎えた日だった。テレビのニュース番組や新聞ではこの2つの陰に隠れていたが、翌12日は九州新幹線全線開通から6カ月経った日だった。九州新幹線といえば、開通記念のテレビCMを思い出す。老若男女、大勢の人たちが走り去る新幹線に手を振ったり、様々なパフォーマンスを繰り広げる。このCMを見て、筆者も思わずほろりとさせられたものだ。

だが、筆者はまだ九州新幹線に乗ったことがなく、鹿児島にも1度しか行ったことがない。それも、大阪から車で10時間以上かけてのロングドライブである。それが、この新幹線に乗れば新大阪から鹿児島中央までわずか3時間45分。なんとも近くなったものである。おかげで関西方面からの観光客も相当増え、鹿児島は随分にぎわっているそうだ。筆者も食べた鹿児島名物のかき氷「白くま」。この店も長蛇の列らしい。

九州にいる筆者の知人に様子を聞くと、福岡も相当なにぎわいらしい。博多駅のレストラン街は常に行列ができる繁盛ぶりだそうだ。週末に新幹線で熊本や鹿児島から来て、買い物をする人も多いとか。また、佐賀は完全に福岡の通勤圏となり、熊本もそうなりつつあるそうだ。一方、熊本の大学などでは福岡の大学に学生を奪われて苦戦しているらしい。また、福岡のビジネスマンにとっては、これまでは1泊していた熊本や鹿児島への出張が日帰りとなり、忙しい生活を余儀なくされているようだ。

九州新幹線は、福岡から佐賀を少しかすめながら南下し、熊本と鹿児島の西側を走っている。つまり、長崎や大分、宮崎からは大きくはずれている。大分の知人の話によると、同県の産業界では「新幹線が大分を通らなかったことで、経済的に不利になった」といった声があるそうだ。開通そのものに関する大分県民の関心も薄く、盛り上がっているのは沿線上の県だけと感じられたそうだ。

新幹線のような交通インフラを整えた際、いくら大規模ではあっても、恩恵を受ける地域はどうしても限定的になりがちである。しかし、高速鉄道という太い線が1本、北から南へ縦断したことは画期的だ。いずれ影響はじわじわと九州全土に広がっていくのではないだろうか。

九州新幹線の誕生によって、また日本列島が「小さく」なった。ドライブにも楽しさはあるが、あれほど遠かった「白くま」が日帰りでも食べられるというのは大きな魅力だ。次回はぜひ新幹線に乗り、あのキーンとした冷たさと甘さを再び味わってみたいと思っている。

（2011年9月16日）

## 瀬戸内の島再生なるか　魅力増す試み続く

瀬戸内海に浮かぶ田島を初めて訪ねた。この島がある内海町は現在は広島県福山市の一部となっている。田島に住む藤原俊彦さんは筆者の弟の知人であり、「遊びにいらっしゃい」と弟を通じて筆者に声をかけてくださり、訪問が実現した。藤原さんは島で生まれ育ったが、東京や大阪で金融機関に勤務し、退職後に島に戻って来た。

藤原さんが生まれ育ち今も住む古い民家に泊めていただいたのだが、玄関を入ると、いろりや黒光りする太い梁が目に入る。天井が高く、窓からは涼しい風が入ってくる。

ただし、この家は古さだけを重んじているのではない。トイレには温水洗浄便座が備え付けられ、一部の部屋にはエアコンもある。古さと新しさの「いいとこどり」をしながら、気持ちよく暮らしている様子がうかがえた。

福山の市街地と島を結ぶ橋がかけられ、利便性は飛躍的に向上した。だが、島を出る若者の数が急増するという副作用も生みだす結果となったと藤原さんは嘆いていた。自宅周辺では空き家の数がどんどん増えている。でも、藤原さんはそんな現状を前にただ手をこまねいてはいない。空き家の持ち主に了解を得て家を改装し、友人が来た時に泊めたり島に移住した人たちを住まわせたりしている。ただし、持ち主たちが希望すればすぐに返すと約束しているそうだ。

さて、夕飯には大きなヒラメが出された。今では少なくなってしまった島の養殖業者が育てたそのヒラメを食べて驚いた。イワシなど魚だけを与えているというヒラメは、養殖とは思えないほどの歯ごたえと味だったのである。お造りにはじまって、南蛮漬け、ソテー、ヒラメごはんなどどれをとってもおいしく、ヒラメ尽くしの夜を楽しんだ。ちなみに、ヒラメごはんは魚をコメとともに炊くのではなく、炊いた白飯の上に、生卵とだし醤油をからめた刺身をのせるという食べ方である。

筆者が島を訪れたその日、藤原さんのもとには他の来客もあった。ひとりはトライアスロンの選手だった経歴を持つ若い男性。彼は、島に近い地域で生まれ育ったが、島にほれ込んで、仕事のかたわら島に通ってはボランティア作業などを行っている。島を囲む海を泳いで一周した時の様子を語る彼は本当に楽しそうだった。もうひとりは近隣の島でみかん農園を営む女性である。かつて島にたくさん育っていた柑橘類をよみがえらせたいと願う藤原さんが、いろいろ相談しているらしい。

若者が少なく、人口そのものが減っているのはこの島固有の問題ではない。そして、これという決め手がないのも現実である。でも、藤原さんは諦めていない。

翌朝「またいつでもいらっしゃい」と言う声を聞いて、島を後にした。次は桜鯛がおいしくなる季節にお邪魔しようと決めた。今の自分にできるのは、魅力を感じた場所には何度も訪れることしかないと思っているからだ。

（2012年9月21日）

## 「寒くて得をした」旅　景気回復もアイディア次第

山梨の清里に友人を訪ねた。夏には涼を求め多くの観光客が豊かな自然を楽しむ土地だが、2月から3月はじめの今は一面の銀世界。冷え込みも厳しく、昼間歩き回る人はあまり見かけない。だが、夜に友人お気に入りの地ビールレストランを訪れて驚いた。広い店が満員なのだ。しかも、席があくのを待っているお客が何組もいる。

友人に聞いてナゾが解けた。清里周辺では2月に毎年「寒いほどお得フェア」をやっている店が多いのだという。その日の午前10時の気温が1度から5度なら一部の商品が10％オフ、マイナス4度から零度なら30％オフ、マイナス5度以下だと半額となるのだ。

当日はマイナス6度。レストランに数多くあるメニューのうち、人気のカレーライス各種が全品半額となった。友人によると、寒さのために家にとじこもりがちな地元の人たちが「寒いほどお得」の割引がある日は一気に押し寄せるらしい。辺りを見回すと、確かにその日は地ビールをゆっくりと楽しむというよりは、カレーを食べて早々に帰っていく人が多いように感じられた。

清里の各種店舗の売り上げがこれによってどれぐらい増加しているのかは定かではない。それだけ値引きすれば、大した実入りはないのかも知れない。それでも、家にこもっていた人が表に出てきて、大幅割引とはいえお金を使うことで、経済を動かす小さなきっかけにはなりうる。

翌日もまた50％オフとなった。同行した筆者の母は、陶磁器の店で白い皿数枚を半額で購入した。東日本大震災の際には母が東京の自宅で大切に集めていた皿や茶碗の多くが割れた。それ以来皿を買ったのは初めてらしい。こんなところでもささやかながらお金は動いている。

そう言えば、人気ゆるキャラ「くまモン」のキャラクター使用料を無料としている熊本県のアイディアの意外性も注目を集めている。デフレ脱却や景気回復の政策があれこれ工夫されている昨今。それももちろん悪くないが、ちょっとした知恵や工夫も十分効果を生むはずだ。

（2013年3月1日）

## 〝遅い新幹線〟で集客　アイディア次第で活性化も

愛媛県の宇和島駅で〝日本一遅い新幹線〟を見てきた。1両編成のこの「鉄道ホビートレイン」は、車両が白と青に塗られ、先頭には0系新幹線とよく似た「だんご鼻」がついている。中には0系新幹線で実際に使われていた座席が一部に設置され、鉄道模型が展示されている。

ただ、本物の新幹線とは違い、スピードはかなり遅い。それも当然。既存の列車を新幹線風に化粧したものだからだ。宇和島駅の駅員に尋ねたところ、並走する沿道のクルマに追い抜かれることもあるほどだという。

さて、この〝新幹線〟、近くで見ればはっきり言って「ショボい」のだ。新幹線らしく見えるのは、先頭の「だんご鼻」と、白と青に塗り分けられた車体のみ。「だんご鼻」には本物の重厚感はない。しかも、「だんご鼻」は前側にしかなく、後ろ側からは普通のローカル線にしか見えない。

でも、元々は2、3人しか乗らずガラガラだったこの路線に〝新幹線〟が走るようになって以来、乗客数が増えたそうだ。時には定員を大きく上回る乗客で、満員電車さながらになることもあるらしい。筆者が立ち寄った時も、団体旅行で来たとおぼしき中高年の観光客で席がほとんど埋まっていた。

繰り返すようだが、車体そのものは〝チャチ〟なのだ。だが、なんとも言えず愛らしい。見た目は新幹線風だが速度はクルマに抜かれるほど。そんなギャップも魅力のひとつだ。筆者は今回は残念ながら乗車できなかったが、次に宇和島に行く機会があればぜひ乗りたいと思っている。

大都市への人口集中が進む中、地方都市の衰退が問題視されて久しい。宇和島も例外ではない。筆者はよく宇和島を訪れるが、駅前の商店街はいつも閑散としている。だが、今回のケースのように、アイディア次第では集客できるのだ。大金を投じてハコモノを作るよりもアイディアで勝負する時代が、各地に訪れているのではないだろうか。

（2014年5月16日）

## コーヒーブレイク⑧

### ●話をどうやって聞き出すのか

相手が政府高官であれ、田舎のおばちゃんであれ、記者が取材相手から話を聞き出すことは、決して容易ではない。むしろ積極的に話そうとしてくれようとする人がいたら、どんな魂胆が隠れているのか疑った方がいいぐらいと言ってもいいだろう。

話を聞き出すためには、大きく分けて2つの方法がある。

ひとつめは、相手との信頼関係を築くことである。記者も取材先も人間。だから、「この人には自分の話を聞いてもらいたい」と思えば、話が始まるはずだ。そんな人間関係を作り上げるためには、記者がウソをついて相手を陥れるような人間ではないこと、約束を守れること、欲しがっている情報がなぜそんなに大切なのかをきちんと説明できることなどが、大切になってくる。人間関係を良好にするのは、仕事でもプライベートでも同じ。誠実に接することが肝要である。

そしてもうひとつ、相手にとって都合が悪い話をなんとしても聞き出したい場合である。これはいくら人間関係をよくしようとしても始まらない。そういう時は、周辺取材を先に行ってさまざまな証拠を集める。相手が否定できないような事実やデータを突きつけて、こちらが聞きたい話を引き出したり、相手が言いたくない事実を認めさせるのである。一見強引に見える方法も、時に応じて使える柔軟性が欠かせない。

## 2 関西をもっと輝かせて

### 大阪ステーションシティ　魅力アピールできるか

JR大阪駅が大きく変身した。そこで早速、2011年5月初めにオープンした大阪ステーションシティに足を運んだ。筆者は人ごみが苦手で、百貨店などには買うものがはっきりとしている時しか行かない。だが、今回の改修はスケールが違う。いったいどう生まれ変わったのか、好奇心にかられて出かけてみた次第である。

出向いたのはオープンから数日後の週末。さまざまな店舗を眺めてきた。途中、話題の「天空の農園」でひと休み。この農園にはブドウの苗や多様なハーブにはじまり、キュウリ、トマト、トウモロコシ、ナスなどさまざまな野菜の苗がところ狭しと植えられていた。まわりに置かれたイスに座りながら外気に触れ、大阪駅周辺の風景を眺めることができる。

大阪の街は緑が少ないとよく言われる。筆者が初めて大阪に住んだ時、それまで住んだどの街より圧倒的に緑が少ないことに驚いたのは、今でも強く印象に残っている。だから、このように緑を楽しめる場所が少しでも増えることはありがたいし、こういう動きはもっと進んで欲しい。

また、待ち合わせ場所となる「時空の広場」の広々としたスペースもいい。個人的な好みだが、天井が高い駅は気持ちいいし、列車の出入りを眺めるのも楽しい。

見るもの聞くもの、すべてが驚かされる新装JR大阪駅。でも、少し気になることがあった。エスカレーターで上りながら、反対側の下りエスカレーターで降りてくる人たちを観察していた時のことだ。とにかく人出は多かった。だが、ほとんどの人たちが手ぶらなのだ。これは想像だが、筆者を含めて「いったいどんな変身を遂げたのだろう」と様子を眺めに来た人たちがほとんどで、買い物目的の人は少数なのではないだろうか。

オープンまもない時期なので、仕方ないと言えばそれまでだ。いずれにせよ、オープン直後の物珍しさによる一過性のにぎわいに終わらないことが、店舗にとってだけでなく、大阪の街にとっても大切だろう。

これまで、大阪の外から来た人間にとって、大阪と聞いて思い浮かぶのはもっぱら道頓堀の戎橋付近の風景だった。東京から筆者の友人たちが遊びに来て、「梅田に行ってみたい」と言うことはほとんどなかった。筆者も大阪に住んで数年経った今でこそ梅田がどんな場所だかわかっているが、住み始める前は梅田という地名は聞いたことがあっても、何があるのかというイメージは浮かばなかった。

新しい梅田は、大阪の「顔」と言える場所になるだろうか。そしてその魅力を多くの人々にうまくアピールできるだろうか。人混みで賑わう駅周辺を歩きながら、ふとそんなことを考えていた。

（2011年5月20日）

## 「プリンセス　トヨトミ」　大阪の街の魅力再認識

映画「プリンセス　トヨトミ」を映画館で鑑賞してきた。作家・万城目学《まきめまなぶ》さんの原作を、鈴木雅之監督が映画化した話題の作品である。公開に先立ち、映画に何度も登場した大阪城を不気味に赤くライトアップしたイベントに、平松邦夫・大阪市長と橋下徹・大阪府知事が揃って出席したことなどでも注目を集めていた。また、出演するのも堤真一さん、中井貴一さん、綾瀬はるかさん、岡田将生さんなど、豪華な顔ぶれだ。

筆者は、大好きな俳優のひとりである堤さんが出ていることに加え、テレビなどで見かける宣伝に「大阪国」や「豊臣家の末裔《まつえい》」といった興味をそそられる言葉が並んでいて、公開を楽しみに待ちわびていた。

さて、肝心の映画についてだが、物語の意外な展開や巧妙な設定、スピーディな話の進み具合によって、極上の娯楽作品になっているというのが筆者の感想である。見終えた瞬間に「ああおもしろかった」という言葉が、ごく自然に口をついて出た。ただし、内容を明かしてしまうと、これからご覧になる人たちのお楽しみが半減してしまうので、ここでは筋書きには触れないでおく。

映画を見る前は、奇抜な発想を持った物語という印象ばかりが強かった。だから、奇想天外なお話に爆笑の連続になるのだろうと勝手に思い込んでいた。だが、設定こそは奇妙だが、話はごくまじめに進んでおり、筆者が予想していたようなコメディタッチでは全くなかった。

だが、かといって、「大阪国」という言葉から想像されるような政治的なメッセージがこめられているわけでもないと、筆者は受け止めた。根っからの大阪人の中には、人々の気質も文化も大阪とは大きく違う東京に首都の座をいつまでも奪われ続けるよりは、国として独立してしまいたいと考える向きもあるかも知れない。そういう人にとっては、この映画の「大阪国」はまさにこうあって欲しいと願うような設定なのだろうか。ただ、行政上の区分はどうであれ、大阪はすでに十分に「外国」の雰囲気を醸し出している。少なくとも、ヨソ者の筆者の目にはそう映っているのだ。だから、面倒な手続きを踏んでまで無理に独立しなくてもいいだろう。

今回の映画に何よりも筆者が魅せられたのは、大阪の街の中には、行ってみたいと思う場所がこんなにもあるのか、と感じさせてくれた点だった。大阪はこんなに魅力的な街だったのだろうかと見直したい気持ちになった。映画のさまざまな場面で、大阪の街角が現れる。そういえば、筆者がほぼ毎日乗る大阪市営地下鉄には、地下鉄に乗ってロケ地を巡ろう、といった趣旨のポスターが張ってあった。今度の休日にはさっそく出かけてみようか。そんな気持ちにさせてくれる映画だった。

（2011年6月3日）

## 御堂筋彫刻に赤い布　「犯人」は一肌脱いで

御堂筋沿いに設置されている一連の彫刻に赤い布が巻きつけられるという「事件」が発生した。と言っても、器物損壊といった直接的な被害が出ているわけではなく、まるで彫像に赤い洋服を着せたような感じだったらしい。

翌日の新聞朝刊でこの件について知った筆者は、ぜひ実物を見てみたいと思った。しかし、残念なことに、当日のうちに布はすべて撤去されてしまった。

そこで、「彫刻への悪戯について」と題して大阪市が発表した報道資料をホームページで見ることにした。すると、一言で言うと、なかなかステキでセンスがいいのだ。赤い布と言っても、ごく普通の素材もあれば、花柄の透かしが入った布もあり、リボンのようなものをアクセントにしたデザインもある。洋服の丈もかなり短いものもあれば、床にひきずるようなドレスもあり、形もさまざまだ。

今回洋服を着せられた彫像は、淀屋橋から心斎橋までの御堂筋沿いに設置されている29体のうちの19体。高村光太郎をはじめ、内外の著名な芸術家たちの作品が並んでいるのだ。そのほとんどが女性像で、それぞれに似合った形の洋服が着せられていた。

御堂筋沿いの企業などから寄付されたこれらの彫像を管理している大阪市は、「大阪のメインストリートである御堂筋を市民や国内外からの来訪者に親しまれるアメニティ豊かな芸術・文化軸として整備していく」とした「御堂筋彫刻ストリート」というプロジェクトを推進している。

このコラムを書いている時点では、誰が「犯人」なのかはわかっていない。だが、あくまでも素人の筆者の推測ではあるが、その芸術性の高さや、範囲が広くて数が多いこと、おそらく短時間で手際よく行ったただろうということを考えると、単独ではなく複数の人たち、しかも洋服などに関してかなりプロに近い人たちが関わったのではないかという印象を持っている。

友人の記者に聞いたところによると、翌日に行われた定例記者会見で大阪市の平松邦夫市長は、今回の事件について「まさにミステリー。でも、（これをやった人に）会ってみたい」と話したそうだ。大阪市としても、被害届を出す考えはないらしい。被害どころか、話題を提供して御堂筋に注目を集めてもらえたのだから、当然かも知れない。

「犯人」のみなさんには、せっかくこれほどの才能があるのだから、ぜひとも名乗り出て、大阪市のために一肌脱いでもらえたらと筆者は願っている。せっかく着せた洋服、どうせならば長い間、より多くの人に見てもらえた方が、デザインして着せた当人たちとしてもうれしいのではないだろうか。ちょっと驚くこんな事件から、意外なコラボレーションが始まる。そして大阪への注目度が上がる。悪くない話ではないだろうか。

（２０１１年７月29日）

## 大阪カジノ　中途半端でなく豪華に

大阪府の松井一郎知事と大阪市の橋下徹市長が、マカオでカジノなどを運営する「メルコ・クラウン・エンターテインメント」のローレンス・ホー最高経営責任者と会談し、大阪へのカジノ誘致について意見交換した。知事、市長ともに大阪にカジノを作ることには従来から前向きな姿勢を示してきた。

カジノを作れば、確かに税収がアップする可能性が高い。カジノ設立には法的整備が必要だが、環境さえ整えることができれば、交通や通信などのインフラを整備して企業を呼び込むよりも、目標達成の確実性は高いかもしれない。

ただし、もし中途半端なカジノを作ってしまえばかえって問題を起こす危険性がある。朝からパチンコ屋の前で行列するようなギャンブラーたちが「大阪カジノ」に列をなし、博打で身を滅ぼして社会問題にならないとも限らないからだ。

だから、どうせカジノを作るのなら中途半端なものではなく、米国のラスベガスに匹敵するようなものを作らなければ意味がない。それは規模にしてもしかり、そして客層を選ぶことも大切だということである。つまりたくさんのお金を落としていくような客層を呼び込まなければ、せっかくカジノを作る意味がないということなのだ。

世界中から金持ちが繰り出してくるような豪華なカジノでなければ、成功するのは難しい。そのためには、カジノだけではなく、リゾート地のような雰囲気を持ったエリアにしないといけない。具体的に言えば、ディズニーランドやユニバーサルスタジオジャパン（ＵＳＪ）のような娯楽エリアもあり、ショッピングも楽しむことができ、そしてカジノでも遊べる、といったイメージである。

さて、大阪のカジノである。大阪を見渡してみた時、そのようなエリアはあるのか。ホー最高経営責任者は「インフラなどを考慮すると、ベイエリアが一番やりやすいのではないかと思う」「候補地は湾岸部を考えているが、府と市の希望に応じたい」などと発言しているようだ。

ただ、個人的には、日本にカジノを作るなら北海道や沖縄の方が適しているのではないかと考えている。北海道は、特に一部のスキー場には外国人スキーヤーがかなり訪れているようだから、リゾート地としての魅力や集客力をすでに兼ね備えている。また、沖縄はリゾート地としての条件はクリアしている。さらに、普天間飛行場の県外移設問題を抱えており、将来的に米海兵隊が沖縄県外に出ていく可能性がある。基地は騒音や米兵による暴行事件、ヘリの墜落など様々な問題を抱えているが、沖縄経済の振興に一役買っているのも事実である。そこで、移設後の経済を考えた場合、カジノを作るというのも一案だと思うのだが、いかがだろうか。

（２０１２年3月2日）

## 大阪に無関心のコメンテーター　視聴者をなめているのか

先日テレビを見ていたら、大阪ローカルの情報番組で平松邦夫前大阪市長が設立に関わったシンクタンクについて報じていた。ご存知の通り平松前市長は、２０１１年11月のダブル選挙で橋下徹現市長に敗れたものの、かなりの票数を集めた。一方、ライバルとして激しく戦った相手の橋下氏は、今や国政をも動かしかねない勢いの存在だ。

つまり平松前市長は、いったんは政治の表舞台から姿を消したが、その言動次第では今後の動向が気になる人物であることは間違いない。特に大阪の視聴者にとっては、彼が何を考え、これから何をするかを詳しく知りたいだろうし、それが価値の高い大切なニュースになるはずだ。

ところが、その情報番組に出演したあるコメンテーターの解説内容は、残念としか言いようがないものだった。とにかく当該の問題の重要性をほとんど理解していないようなのだ。一言一句を正確に記憶してはいないが、ニュースの解説のようなコーナーの中でシンクタンクのニュースを扱いながら、「よくわかりませんが」と言った趣旨の言葉を放ち、ごく通り一遍の説明で済ませたのだった。

東京方面からこの番組の出演のために大阪に来ているらしいその人物は、なんと政治に関する専門家とのことである。ただし、政治と言っても国政レベルでの話しか細かく語ろうとせず、今回の話題の扱い方はいかにもおざなりな印象を受けた。

このコメンテーター、以前も同じ番組に出ていた時に自分が精通していない話題についてコメントを求められ、「大阪のことはわからない」と発言していたと記憶している。その時も、そして今回も「要するにこの人は大阪に関心がないのだなあ」と気持ちが冷えるのを感じた。

一般論として、コメンテーターだからと言って、全ての話題に精通するべきだとは思わないし、それは無理な相談だ。だが、まがりなりにも解説らしきことをやる以上は、自分が扱う話題に関してある程度準備して臨んでほしいと視聴者が求めてもおかしくないはずである。

かくいう筆者も、ニュース情報番組のコメンテーターとして出演する機会をいただいている。だから、今回の意見は自戒をこめて書いているつもりだ。

ただし、この問題はこのコメンテーターの責任だけでもない。なぜなら、この人物をキャスティングしている放送局の責任でもあるからだ。テレビ局にもよるが、誰をコメンテーターとして出演させるかを決める基準は、全国的にすでに名が売れているかどうかという場合が多い。視聴率が取れる可能性が高いし、人選も簡単だからである。だが、そういった安易なやり方で決めた結果、大阪に関心のない人が出演するのでは、視聴者をなめているとしか言いようがないし、内容が薄くなることは避けられない。

大阪の出来事に造詣が深い人物を時間をかけて探し出し、コメンテーターとして育てる。こんな姿勢で番組づくりに取り組めば、中身のある番組ができると思うのだが、いかがだろうか。（2012年4月20日）

# 第7章

# 「維新」が大阪にもたらしたのは

弁護士出身でテレビ番組のコメンテーターとして人気を博した橋下徹氏が、大阪府知事、そして大阪市長の座に就いて数年が経つ。東京と並び立つ存在として比較されながらも、その地位が沈み続けている大都市・大阪に不安を抱く大阪の人々は、橋下氏が率いる大阪維新の会に希望を託した。大阪はこれまでにどのように変わってきたのか。そして、将来はどうなっていくのだろうか。

## *1* 維新の足跡をたどる

### 大阪を元気に　高まる選挙の重要性

２０１１年の統一地方選挙の第一幕である大阪の府議選・市議選。今回の選挙はやはり、橋下徹府知事が掲げる大阪都構想や、知事が代表を務める地域政党「大阪維新の会」が府・市議会で過半数を取れるかに注目が集まっている。

東日本大震災が発生した直後でもあり、自粛ムードが漂うが、かえって選挙の重要性は高まっている。なぜなら、東京に不測の事態が起きた時に、大阪がその代わりを果たせるのか、その時のために大阪は何を準備しておくべきか、ということも今回の選挙で問われているからだ。

地震の後に福島第1原子力発電所で事故が起こって以来、さまざまな変化が起きた。その中で筆者が特に注目したのは、東京に駐在していた外国メディアの記者たちがこぞって大阪に移ってきたことだった。フランスのＡＦＰ通信は大阪に一時的な支局を置くと震災の数日後に発表した。震災報道に関する日本と外国のメディアの違いについて、筆者に取材をしたブラジルの新聞「グロボ」の女性記者。東京特派員の彼女もまた、安全について夫と話し合った末、期間限定ではあるが、小さな娘を連れて東京から大阪へ移ってきたと語っていた。

しかしその後、ＡＦＰは正式には発表していないものの、関係者がツイッターで明らかにしたところによると、すでに大阪から東京に戻ったスタッフも結構いるらしい。グロボの記者も東京に戻ったという連絡をくれた。原発事故の状況はあからさまに悪化したとは言えないものの、事態が大きく好転したようには見えないにもかかわらず、である。やはり日本における報道の中心は東京であって、大阪では力不足なのだろうか。

欧米系の某メディアの関係者によると、その会社は夏の電力需給が逼迫《ひっぱく》した時に備え、東京にある編集機能の一部を大阪に移転させることを検討しているらしい。いざ緊急ニュースを海外に報じようとした時に停電が起こっては困ると考えているからだそうだ。しかし、移転させるとしてもあくまでも編集者のみで、記者たちは東京に残したままにするという。大阪では報じるべきニュースがあまりなく、記者が大阪にいたのでは、取材活動が十分にできないと考えているからだろうか。

1999年から2003年にかけて筆者がロイターの記者として大阪にいたころは、東京を拠点とする日本外国特派員協会の関西版を作ろうと、内外のメディアの人々が集う団体を結成したこともあった。しかし、その後は大阪に駐在する海外メディアはどんどん減るばかりで、現在に至っている。

東日本大震災直後の外国メディアの動きを見てもわかるように、大阪はいざという時には頼られる存在である。しかしながら、何かがまだ足りないのだ。経済も文化も、東京だけではなく海外からももっと頼られる大阪となるためにも、今回の選挙は重要なのだ。大阪を元気にする。そのための一票を投じるために、一人でも多くのみなさんに投票に出かけてほしいと思う。

（2011年4月8日）

## 統一地方選第2ラウンド　「モノ申す」人に

統一地方選挙の第2ラウンドが近づいている。筆者は4月10日に大阪府議選の投票をしたが、24日に地元の市議選の投票を行う。大阪市民や堺市民は10日だけで2つの投票を済ませられたが、筆者は2回足を運ばねばならない。不在者投票をしようとしても、まとめて1回にすることはできず、正直なところやや面倒くさい。

だが、自分の住む街を託すに足ると感じる人物を選ぶ貴重な機会だ。筆者は現状に不満がある時だけでなく、満足している時も必ず投票するように心がけている。「これは」と思う候補者がいない時でも、わざわざ投票所まで行って白紙の票を投じてきた。「なんと無駄なことを」と思う向きも少なくないだろう。だが、たとえ他の人には無駄のように見えても、自分の意思を表明する権利と義務を行使したいのだ。そうすれば文句を言う資格も得られる気がしている。

さて、4月10日の大阪府議選では、大方の予想通り、橋下徹府知事が代表として率いる「大阪維新の会」が過半数の議席を勝ち取った。大阪市議選では過半数に届かなかったものの、第1党となった。

そして、今度は秋にも行われる大阪市長選に注目が集まっている。巷《ちまた》では橋下氏が知事職を辞して市長選に立候補する可能性が高いとみられている。それに伴って空席となる知事の候補として、いくつかの著名人の名前が挙がったりもしている。

大阪がいろいろな意味で停滞しているのは、誰の目にも明らかだ。なんらかの変化が必要だと訴え続けてきた橋下知事への支持率が高水準で推移しているのも、理解できないことではない。その知事の政策として最もよく知られているのが「大阪都構想」である。これは多くの人がご存知の通り、大阪府庁と大阪市役所を統合するという構想だ。さまざまな無駄を少しでも削るためには必要不可欠な措置であると説明されている。

ところで、実際に「大阪都」が出来上がったあかつきには、大阪市以外に住む大阪府民にはどんな変化が訪れるのだろうか。もしかするとなんらかの場面で説明がされていて、筆者だけが不勉強なのかもしれない。だが、今のところそのメリット、デメリットに関する説明を耳にしたことがない。

大阪市は確かに大きな都市であり、その変革は多くの人々に影響をもたらす。しかし、だからと言って、大阪市以外に住む府民を無視していいということでは決してない。

すでに事態は動き始めている。だが、4月24日に大阪府内の多くの市や町で行われる選挙では、大阪都構想が実現した際にひとつひとつの町を大切にするように「モノ申す」ことができる候補者に票を投じなければならないのではないだろうか。

（2011年4月22日）

## 君が代起立条例案　府議の職責果たせ

大阪府の橋下徹知事が代表として率いる地域政党「大阪維新の会」。その府議団が、君が代を斉唱する際の起立を教員に対して義務づける条例案を府議会に提出すると報じられている。この条例案には、府立学校など府の施設での日の丸の常時掲揚を義務づける項目も入っているという。

橋下知事や大阪維新の会の主張は国旗国歌に尊敬の念を持てという思想上の問題ではなく、公務員が服務規程に反して良いかどうかということらしい。つまり、卒業式などで君が代を斉唱する場面があれば、公務員は規則に従って少なくとも起立くらいしろということだ。

なるほど、橋下知事らの言い分にも一理はありそうだ。だが、当コラムでその是非を論じるつもりはない。今回、別の視点からこの話題に触れたいのだ。

そもそも、この話の言い出しっぺは橋下知事だったはず。入学式や卒業式での君が代斉唱時に起立しない教職員について「国旗国歌を否定するなら公務員を辞めればいい。身分保障に甘えるなんてふざけたことは絶対許さない」と語り、「辞めさせるルールを考える」と踏み込んだ発言までした。

だったら、府議会に条例案を提出するのは、このように語る橋下知事であるのが筋だろう。それなのに、なぜ大阪維新の会の府議団が提出するのか。ただし、府議団が出す条例案からは、知事が唱える免職を含む罰則は省かれているらしい。

そもそも地方議会は二元代表制のもと、行政をチェックするという重要な役割を担っている。もちろん大阪維新の会の府議団も例外ではない。その役割、機能をきちんと全うしようとするのであれば、橋下知事が提案する罰則も含んだ条例案を議会で吟味し、必要と考えるならば罰則規定を外せばいいのではないだろうか。こうした過程を経ないで、大阪維新の会の府議団が条例案を提出すれば、まるで知事に唯々諾々と従う下請け組織と思われてもしかたない。

冒頭にも書いたように、筆者は君が代斉唱で起立するうんぬんをどうこう言うつもりはない。今回予定されているような条例案を出すことは議会に認められた当然の権利であり、別に提出そのものに異を唱えるつもりも全くない。ただ、府民に選ばれた府議会議員たちがその職務をきちんと果たさないことに対しては、筆者自身も府民のひとりであるからには納得できないのだ。この場合、筆者が大阪維新の会の支持者であるかどうか、そして府議選で誰に投票したかということはもちろん関係ない。どんな府民にとっても等しく関わりのある話だからだ。

条例案を提出するならば提出するということでかまわない。ただし、府議会と行政の正常な関係を保ち機能をきちんと果たすということだけは、間違いなくやってもらわなければ困る。困るのは府民だけではない。きちんと役割を果たせないと見られれば、大阪維新の会の府議団も有権者から「ああ、やっぱり橋下知事の御用機関なのか」と白い眼で見られるだけである。

（２０１１年５月27日）

## 海外メディアが橋下市長に注目　情報発信の好機だが

大阪市の橋下徹市長の一挙手一投足が、大阪のみならず全国の新聞やテレビ、雑誌などで連日のように報じられるようになって久しい。だが実は、最近では国内だけではなく海外のメディアでも市長の動向が取り上げられ始めている。

たとえば、有力なメディアの中では、米国のワシントン・ポスト紙や英国のフィナンシャル・タイムス紙は淡々と橋下現象を描きつつも、どちらかと言えば好意的に取り上げている印象を受けた。その一方で、ＡＦＰ通信は少々辛口に批評している。他にも、ウォール・ストリート・ジャーナル紙やエコノミスト誌も報じていたし、別の海外メディアで記者をしている筆者の知人からも、市長の記事を書くべく取材の準備を進めていると聞いた。

言うまでもなく、このように、日本の一地方の首長の動向が各国のメディアで取り上げられることなどは前代未聞である。海外に向けた日本のニュースと言えば、どうしても東京発が多くなりがちだ。それ以外ならば、東日本大震災や原発再稼働などよほど大きな事象でなければ地方発のニュースが日本国外に伝わることはない。そういう意味では、こういった形で大阪が注目を集めるのはいいことなのかもしれない。

ところで、海外メディアが橋下市長に注目する背景には、２０１２年の末までに予想されている解散総選挙で橋下新党が台風の目になると予想されていることがある。巷で噂されているように「橋下首相」が誕生するかどうかはともかくとして、新政権では橋下新党が大きな影響力を持つことはほぼ間違いないだろうと予想されている。そうした状況下、「橋下とはいったい何者であるか」に関心が寄せられるのはごく当然なことだと言えるだろう。

従来にはなかったようなタイプの政治家の登場には、停滞気味の日本を活性化させる救世主のような存在として各国が期待を寄せているという面がある。しかし、その一方で、橋下市長が日本をどのような国家にしようとしているのかはっきりと見えない部分があり、国外から見ると不気味にも映っているようだ。

ワシントン・ポストの記事の中に、橋下市長にインタビューを申し込んだが断られたという記述があった。こういったメディア選別の姿勢にも、海外メディアが彼を不気味がる一因があるのではないだろうか。

橋下市長はこれまでにも、海外に負けない大阪や日本を作るといった趣旨の発言をしてきた。ただし、いくら各国に対抗しうる大阪や日本を作るとは言え、海外とのつながりを断ち切っては日本にも大阪にも将来はない。それならばむしろ、海外メディアのインタビューにも積極的に応じて、これからの日本や大阪をどうしたいのかという点についてどんどん発信してはどうだろうか。

海外メディアが橋下市長にこれだけ注目を寄せている時期なのだから、伝わりやすいことこの上ないベストタイミングである。絶好のプロモーションになるはずだが、いかがだろうか。

（2012年6月1日）

## シンパとアンチの罵倒合戦　百害あって一利なし

大阪市の橋下徹市長は就任以来、さまざまな行財政改革に取り組んできた。しかも、普通なら何年もかかる政策上の難題をわずか数カ月でクリアしたりと、これまでの歴代市長には見られなかったスピード感があるのは事実である。まるで鈍行列車から新幹線に乗り換えた気分になったのは筆者だけではないだろう。

もっとも、改革が大胆過ぎるほどであるため、お騒がせとなることも多かった。君が代起立条例や職員基本条例などの公務員改革から労組叩《ろうそ》き、大阪フィルハーモニー交響楽団や文楽など文化行政への補助金見直しなど、世間からは必ずしも賛辞を得られない事案も目立った。また、市長自身がツイッターでマスコミや識者の批判を繰り広げることで、その過激な言動に眉をひそめる人も多かっただろうと想像している。特急列車「橋下号」に乗ったはいいが、あまりにカーブが多く、しかも揺れが強いものだから、列車酔いになったというわけだ。「気分が悪い。止めてくれ」と悲鳴を上げる人が出るのも無理はない。

そのツイッターといえば、橋下市長のつぶやき以外に、たまに市長のシンパ（支持派）とアンチ（反対派）が議論している姿を目にすることがある。この論戦は大半が常識的かつ紳士的に行われている。橋下市長のシンパ、アンチともに、「なるほど」と思わせてくれる議論は、外野から眺めていても気分は決して悪くない。このような前向きな論戦は大いにやればいい。建設的な意見なら、きっと橋下市長も政策に取り入れてくれるだろう。

ところが、である。そのシンパとアンチにも、常識的に見て理解不能な変わった人たちがいる。意味のない揚げ足取りに終始したり、坊主憎けりゃ袈裟まで憎いとばかり、罵倒だけを生き甲斐のように感じている人たちも、たまに見かける。

このような人々の特徴は、まず正確な事実を知ろうとせず、憶測やうわさだけを頼りに不毛な議論を繰り広げていることである。次に、相手から少しでも批判されると「君は公務員、既得権益者だね」とか「お前もハシズムの仲間か」といったレッテルを貼って悦に入る。要は、論理的かつ冷静な思考が不得意なのだ。そして最後に、これが一番重要なのだが、自分たちこそ「正義」だと信じて疑わない。

こうなると、たとえ建設的な批判であっても耳を貸さなくなる。逆に、正義に逆らう批判者こそが悪となり、その〝悪人〟を罵倒しようが嫌がらせをしようが、それが罪であることすら判断がつかなくなってしまうのだ。この思考が先鋭化すると、連合赤軍やオウム真理教のように、「正義」の名のもとに殺人を犯すことすら正当化されてしまう危険性がある。

橋下市長も人間。正しいこともあれば間違えることだってある。それを軌道修正するのは有権者の客観的で冷めた眼ではないのか。そのためにはシンパもアンチも、一度冷静になることだ。ツイッターの罵倒合戦など論外。百害あって一利なしである。

（2012年6月29日）

## 「しょうもない質問」を拒否　勝利が局地的だったのは

2012年に行われた衆議院選挙の投開票日の夜、テレビ各局の選挙特番を見ていた。最初は開票結果が最大の関心事だった。だが、自民党の政権奪還が早々に判明すると、今度は生放送で伝えられる各党幹部たちの反応に関心が移った。その中でも興味深かったのが日本維新の会の橋下徹代表代行である。

さて、橋下さんとNHKのアナウンサーのやりとりを見ていて驚いた。首相を目指しているのかとの質問が出ると「考えていませんよ。しょうもない質問はやめて下さいよ」と苦笑い、「日本の政治をどのように変えていくのか」と尋ねられても「そんな漠然とした、しょうもない質問ばっかり。もうちょっと具体的に言ってくださいよ」と返すばかり。「何を目指しているのか」という最後の質問には「日本維新の会のホームページを見てください。しっかり書いてます」とだけ答えて口をつぐんだのだ。

筆者は記者の経験を持ち、取りつくしまもない取材相手に悩まされた経験も少なくない。それでも「こりゃひどいな」と思わずつぶやいた。

橋下さんはこれまでにも、学者やマスコミなどにツイッターで「勉強しろ」などと書いたことがある。記者会見で、記者に面と向かってきちんと勉強してから質問するように言って、質問をさえぎることも少なくないそうだ。

定期的に橋下さんを取材している記者の友人たちによると、確かに事前のリサーチを十分にせずトンチンカンな質問をぶつける記者もいなくはないらしい。それに橋下さんは具体的な政策には積極的にお互いが納得いくまで答えるが、抽象的な質問を嫌う傾向もあるそうだ。ただし、彼が「勉強しろ」と逆襲する時は「痛いところ」を突かれた時だという見方も一部にはあるらしいが。

今回の彼の反応がどういう背景で出たのかは分からない。思ったほどに票が伸びずイライラしていただけかも知れない。だが、いずれにせよ、開票直後という大きな節目であり、多くの人の目が集まるあの時こそ、メッセージを発する貴重な機会だったことは間違いない。

今回の選挙で、日本維新の会は第3党に躍り出た。だが、日本維新の会が何をやろうとしているのか幅広く伝わっていなかったから、大阪を中心とした局地的な勝利しか収められなかったとも言える。

すでにホームページに載せてある話をあえて繰り返すのは、面倒くさいかも知れない。だが、誰もがインターネットを使えるわけではない。まして、橋下・石原慎太郎両首脳の言うことが食い違うこともしばしば。しかも内容が日替わりメニューのように変わるのでは、有権者が戸惑ってもおかしくない。細かい手間を惜しまずに情報発信をして有権者に訴えることこそ、息の長い政治活動につながるのではないだろうか。

（2012年12月21日）

## 橋下流の建前と本音　非戦略的な慰安婦発言

橋下徹大阪市長の慰安婦発言が波紋を広げている。この発言がクローズアップされた囲み会見の翌日も、橋下さんはツイッターで吠えていた。いわく、戦時中の旧日本軍による従軍慰安婦について「意に反して慰安婦になった方は気の毒だ」とする一方、「人間に、特に男に、性的な欲求を解消する策が必要なことは厳然たる事実」などと主張していた。

今回の発言は、橋下流に建前をぶった斬り、本音を赤裸々《せきらら》に語ったものとして一部からは肯定的に受け入れられている。しかし筆者は、読んでいて「なるほど」と思う部分もなくはなかった反面、総じて頭が痛くなってきた。この人は根っ子の部分で女性を性処理の道具としてしか捉えていないのではないかとさえ思えてきたからである。

確かに、いつの時代でも、どこの世界でも売春は存在する。男性を中心とする社会からみれば、売春は必要悪というのは本音かもしれない。だが、これが橋下さんが常日ごろ批判するコメンテーターの発言ならいざしらず、政治家がこれを語るのは非常にまずい。世の中に本音と建前が存在するのは事実だとしても、だからといって、それを声高に言うことを人は避けてきた。言うと、さまざまな軋轢《あつれき》が発生するからである。

例えば、建前ではヤクザや売春は社会に不要な存在だ。だが、一部の人々は本音では必要悪だと見ている。では、この本音が大手をふるうとどうなるのか。ヤクザや売春が正当化される社会は本当に健全なのか。これらは極論だが、この思考を抜きにして「建前ばかりではダメだ」という意見はあまりに浅い。

今回の橋下発言は案の定、閣僚からも批判を浴びた。普天間の司令官への「風俗のススメ」も国防総省から「ばかげている」と一蹴された。ただでさえ支持率が急降下している日本維新の会。これでは下降に拍車をかけるだけ。また、政治家の発言は国益を考え戦略的でなければいけない。だが、今回の橋下さんの発言はきわめて非戦略的である。（2013年5月17日）

## 維新トップ当選の重み　大阪覆う閉塞感を象徴か

2013年の参院選が終わった。全体を見れば、衆参のねじれ解消、自民党の圧勝、民主党の衰退などが目立つ選挙だった。

だが、大阪に目を移すとやや違う姿が見えてくる。日本維新の会の東徹候補が100万票以上を獲得してトップ当選したのである。2位となった与党・自民党の柳本卓治候補の得票数を20万票以上も上回った。日本維新の会は一時の勢いを失い、獲得議席数は比例代表6議席、選挙区は2議席にとどまった。維新の共同代表を務める橋下徹大阪市長も「勝ちではない」と認めた戦いなのだ。にもかかわらず、大阪選挙区ではトップ当選である。

この現象について、「大阪だけは感覚がずれている」と揶揄する向きも一部にある。従軍慰安婦をめぐる橋下市長の一連の発言などで、世間は「維新や橋下は間違っている」と感じているのに、なぜ東候補がトップ当選なのかと訝しがっているからだ。

だが、ことはそれほど単純ではない。大阪人の中でも、暑い日にわざわざ投票所に足を運ぶある種の「きまじめさ」を持つ人たちがなぜこんな選択をしたのか、その背景をじっくり考えてみることが大切ではないだろうか。

全国の5月の完全失業率は4・1%。それに対して近畿地方は4・4%と上回っている。筆者が勤務する大学では大阪周辺から通学する学生が圧倒的に多い。就職活動の結果、企業から内定通知をもらう4年生が出始めてはいるものの全体的には少ない。猛暑の中でスーツに身を包み連日汗まみれになりながら説明会や面接に足を運ぶ学生もまだ多い。「とにかく早く内定が欲しい」という学生の声は、就職氷河期がまだ続いている証でもある。

大阪を覆っている閉塞感が、学生たちの不安げな声にも反映されているように感じる。それが100万を超える票にも結びついたのではないだろうか。トップ当選の東候補は、この期待の重さをおそらく理解しているだろう。だが、期待にこたえることはまた別の話だ。成果を見守らねばならない。

（2013年7月26日）

## ていねいさ必要な都構想　橋下流「民間」が生むのは

大阪市の橋下徹市長が辞任を表明し、「大阪都構想の設計図を書かせてもらう」ことを有権者に求めるため、2014年3月中にも出直し選挙を行うことが決まった。

ことの発端は1月31日の法定協議会だった。これまで市内24区の行政区を計4パターンの特別区にする案を議論してきたが、この日のテーマは市長の提案で1つに絞り込むことだった。しかし維新の会以外の会派すべてが拒否。これまで維新と友好関係にあった公明党まで「もっと時間をかけて議論すべき」と絞り込みに反対した。対して市長は「形の上では法定協議会をそのまま継続して議論しようと言うが事実上は無理」「優先順位をつけて議論しましょうと。これはビジネスでは当たり前」と反発し、辞任会見につながったのだ。

出直し選挙の是非については様々な意見があると思う。「税金の無駄遣いになるから反対」「都構想の住民投票は必要だから賛成」など立場や主義主張によって考え方が異なるのは当然だろう。だとしても市長が言う「ビジネスでは当たり前」という意見には筆者は違和感がある。

何かと「民間では当たり前」などと役所の前例主義に対して民間感覚を持ち出す市長だが、一口に「民間」と言ってもさまざまである。特に製造業では新製品を作る時は企画のプレゼンから設計、また試作品の試験まで入念な作業と膨大な手間ひまをかける。欠陥製品では消費者に迷惑をかけるだけでなく自社に多大な損害を与えるからだ。

大阪都構想も同じだろう。未知の巨大都市を作るのにいい加減な設計図では大変なことになる。欠陥住宅のように、見かけが良くても柱が曲がっていたり床が斜めになっていては住人が困る。公明党などが「丁寧な制度設計を」と主張するのは至極当たり前のことで、ここに民間感覚を盾にスピードを求めるのはかえって欠陥都市を生み出すことにもなりかねない。もっとも、橋下市長が言う「民間」「ビジネス」がいわゆる〝ブラック企業〟なら話は別だけれど。

（2014年2月7日）

## 都構想反対派を外す横暴　大阪発展めざす議論を

大阪市の橋下徹市長が出直し選挙で当選してから、まもなく3カ月が経とうとしている。そして、焦点となっていた大阪都構想を話し合う法定協議会がようやく動き始めたようだ。だが、都構想の具体案を詰めていく場のはずだった法定協議会をめぐって、きな臭い動きが出ている。自民、民主、共産の委員を「規約違反」という理由で外すというのだ。

しかし、これはなんだかおかしくないだろうか。筆者が市長選前に見ていた限り、公明党を除く野党側は都構想には反対していたが、内容の細部については反対の立場から建設的な提案をしていたことも多々あったのだ。反対の意見があるからこそ、物事は前へ進む。サービス業でも、よほど悪質なクレーマーでもない限り、客の苦情はサービス向上に役立てている。

それとも、維新側が提出したものをそっくりそのまま生かした案でなければ許せないということなのだろうか。筆者が今まで一緒に仕事をしてきた人たちの中にも、自分の意見がまるまる通らなければブチ切れるだけで、妥協という言葉すら知らないと思われる人たちがいた。今回の維新も仮にそうだとしたら、あまりにも横暴ではないだろうか。

今回は、自民、民主、共産を外すつもりらしい。だが、おそらく公明党はだまっていないだろう。今回の維新側の措置に同党はカンカンなのだという。公明党だけ法定協議会に残るという選択肢は取らないはずではないだろうか。

一部ではあべのハルカスなどのにぎわいはあるものの、東京の栄えぶりとは対照的に、総じて大阪は停滞ぶりが目立っている。これからも長く大阪に住むつもりの筆者としては、とにかく、大阪が今より住みよくなるなら都構想に賛成、そうならないなら反対。考えていることはとてもシンプルなのだ。むしろ都構想をめぐり反対派との厳しい議論の対立があってこそ、大阪の発展が見えてくるのではないか。

（2014年6月13日）

## 都構想実現へは王道を　危うさ感じる政治手法

いわゆる大阪都構想の協定書が大阪府・市の両議会で２０１４年10月27日、反対多数で否決された。ただし橋下徹市長は事態の打開は可能だとして、諦める様子は見せていない。

例えば、議会に民意という名のプレッシャーをかけるため条例請求に必要な署名を集めることを大阪市民にアピールし、「住民投票のための住民投票条例」の実現も目指すとした。また市長は、議会の意志を素通りして専決処分による住民投票の実施の可能性も排除していないとされる。しかし、いずれも王道を外れた行為であると考える。

専決処分は首長に与えられた権限とはいえ、実施には厳密な要件が必要だ。災害などで議会が開かれないか、議会が決めるべき議題をわざと議決しない場合などに限られる。現在、府市の議会ともそれらの要件を満たす状態にはない。また、「住民投票のための住民投票条例」など間違いなく議会は否決する。都構想の根拠法である大都市地域特別区設置法にそのような手順は定められていないからだ。

先日、在特会（在日特権を許さない市民の会）会長と〝意見交換〟した橋下市長は、参政権を持っていない在日韓国・朝鮮人に文句を言う前に国会議員に訴えろと諭した。これは筋の通らないヘイトスピーチなどではなく、実現可能な道を歩むべきだという主張なのだろう。

ところで大都市地域特別区設置法では、住民投票に至る前段階として議会の承認が必要であると定めている。この議会承認が民意無視というのであれば、実現不能な住民投票のための住民投票ではなく、また脱法的な専決処分などではなく、国会での法改正を目指すべきである。維新の党もあるのだ、全く不可能というわけでもないだろう。あるいは2015年春の統一地方選で府市の両議会で単独過半数を取ることも王道の一つである。

筆者は大阪都構想には絶対反対という立場ではない。耳を傾けるべき内容は含んでいると思っている。だが、目的のためには手段を選ばないかのような政治手法には、何かしら危うさを感じてしまうのだ。

（2014年10月31日）

## 2　変わりゆく政治の姿

### 〝泡沫〟に注目の市長選　新鮮さは投票率に影響か

大阪市長選は現職の橋下徹氏が辞職して出直し選挙となり、大阪維新の会以外の既成政党が候補を立てるかどうかが注目を集めた。だが、関心を呼んだのはそれだけではない。橋下候補以外の候補者3人の存在である。

彼らは、今までの選挙であればいわゆる〝インディーズ〟〝泡沫候補〟と呼ばれてきた候補者。そんな彼らをまじえた選挙がどんな戦いになるのか知りたくて、告示日に淀屋橋へ足を運んだ。

到着すると、大阪市役所の横に人だかりができている。全国各地の選挙に出馬して有名なマック赤坂候補が第一声をあげている様子を、多くのテレビカメラが囲んでいるところだったのだ。選挙の報道は全ての候補者に公平でなければならないため、第一声の姿を収めるテレビカメラが一定数あるのはおかしくない。だが、それにしては台数が多いし、ネット関連のテレビ局まで来ている。それに続く二野宮茂雄候補の番になっても、その様子は変わらなかった。

第一声を終えた2人の後について淀屋橋から梅田まで歩くと、歩行者が立ち止まり候補者に話しかけたり握手を求める。梅田の地下街での街頭演説は大にぎわいとなった。スマートフォンで写真を撮る人が多いが、印象的だったのは単にパフォーマンスを見て楽しむだけではなく演説に耳を傾けている人が多かったことだ。

さらに、その2人の候補と藤島利久候補が揃って橋下候補に公開討論会の開催を申し入れることになった。〝泡沫候補〟が共同で現職候補に公開討論会を申し込むというのが異例なら、その申し込みがすぐにメディアで報じられたのも珍しいだろう。これが実現すれば、多くの有権者が関心を持ってその内容に耳を傾けそうな気もする。

今回の市長選は何から何まで異例ずくめである。橋下前市長が法定協議会の進行ぶりに業を煮やしたのがきっかけだったとは言え、思わぬ副産物を生んだ。この展開が有権者に、そして投票率にどんな影響を及ぼすのか。最後まで目が離せない。

（2014年3月14日）

## ネットの影響見えた市長選　変わる選挙活動の形

大阪市長選では、〝泡沫候補〟が顔を並べた。彼らの得票数は圧倒的に少ないが、最下位の二野宮茂雄候補でも1万1000を超す票を集めた。街頭での彼の活動は限られ、紙に書いた文章を読み上げたぐらいである。だが、ツイッターでは饒舌《じょうぜつ》で、フォロワーも告示日はたしか3ケタだったのが2000を超えた。無名の彼が認知されたのはインターネットのおかげだ。今後ネットを使いこなす若い世代が社会の中堅になるにつれ、ネットで候補者の認知度を上げるのが普通となる可能性が示された。

だが、知名度ばかり上がっても仕方ない。マック赤坂氏はネットで呼び集めたボランティアたちに助けられ、独特なパフォーマンスで今回も注目を集めたが、2位でなく3位に終わった。大阪の人々も「おもろいやっちゃな」とは思ったのだろうが、パフォーマンスの陰に隠れて、具体的に市長として何をするのかが十分伝わらなかったことが、票数の伸び悩みにつながったのではなかろうか。

他には、告示日になっても供託金が集まっていなかった藤島利久氏が、ネットで呼びかけてギリギリで立候補する出来事もあった。動画サイトさえあれば、外出しなくてもリアルタイムで各候補者の生の声を聞けるのは便利なものだ。いずれにせよ、ネットがなかった時代には考えられなかった方法で、選挙が進むようになっている。

メリットが目立つが、デメリットもある。ネットは伝播力が強いので、不勉強なまま発信すると取り返しがつかないことになる。今回の選挙で泡沫候補たちは〝大阪都構想〟に反対していたものの、本当に理解した上で反対しているのか、心もとなく感じる場面があった。また、ネットで自分の選挙区にピンポイントでどう訴えかけるかは、今後の課題である。今はネットで呼びかけられる範囲が広過ぎるため、直接票に結びつかない無駄が生じる。このように、ネット選挙はまさに発展途上だが、この流れが止まることはもうないだろう。

（2014年3月28日）

## 市長の無礼な言葉が世界へ　政治家の口ぶりに品性を

いわゆる「タメグチ」を利く学生が、筆者の周囲にはたまにいる。年長者に対して敬語を全く使わず、同年輩の友人に対するのと同じ調子で話すのだ。筆者は自分で言うのも口はばったいが、あまりエラそうにせず親しみやすい教員だと自負している。だが、それでも適切な言葉遣いは大切だ。実際、タメグチ学生に話しかけられても、まじめに話を聞こうという気持ちが薄いのが、率直なところである。言葉遣いは話し合いの内容に影響を及ぼすほど重要ということの表れだろう。

さて、大阪市の橋下徹市長が在特会会長の桜井誠氏とヘイトスピーチ問題をめぐって大阪市役所で意見交換会を行った。だが意見交換会とは名ばかりで、実際は「あんたなぁ」「オマエが」などといった罵詈雑言が飛び交い、桜井氏が市長につかみかかる寸前となるハプニングまで起こってしまった。翌日には、市長のあまりに乱暴な口の利き方に怒った市民から市役所に抗議の電話が殺到したという。

ヘイトスピーチが問題視される団体に対して同レベルの罵声を浴びせる橋下市長。逆にヘイトスピーチの愚劣さを世間に知らしめたという意味では市長の作戦は成功だったかもしれない。市長の挑発的な態度に「よくやった」「スカッとした」という意見も聞く。だが、市長も政治家で公人である以上、ほどほどの品性は持ってほしいと思う。

翌日の会見で記者から世間へのイメージ悪化を問われた橋下市長は「マイナスと感じる人はマイナスと感じたらいい」と突っぱねたが、団体代表とはいえ一般人に対して大阪市の顔である市長が罵詈雑言を浴びせたことは、市民からすれば決してほめられるものではない。英国のガーディアン紙や米国のウォール・ストリート・ジャーナル紙も「（桜井会長の無礼な言葉に）橋下市長も無礼な言葉で応じた」と世界に向かって報じている。恥をかくのは市長ひとりではない。大阪市民も一緒なのだ。

言葉遣いの無礼さばかりが目立ち、ヘイトスピーチそのものへの注目が高まらなかったことが惜しまれる。

（２０１４年10月24日）

## ●権力の言いなりにならないことを信条に　コーヒーブレイク⑨

三権分立の社会で、マスメディアは「第4の権力」と呼ばれている。司法・立法・行政を監視する一方で、多くの情報をコントロールする立場にもある。

東日本大震災発生数カ月後のこと、会談相手が先に部屋にいなかったことに腹を立てたある大臣が「今の言葉はオフレコだ。書いたらその社は終わりだ」と記者団に言い放ったことがあった。

オフレコ取材は通常、取材する側とされる側が合意した場合でなければ成立しない。また、発言者を守るよりも、その言葉を報道することのほうが社会的使命が重いと記者が判断すれば、オフレコの取り決めは破られることもある。大臣にとって都合の悪い場面になったからいきなりオフレコを命じるのは、勘違いも甚だしい。

「オフレコ」という言葉をやたらと連発する人が増えている。これはメディアの甘い態度も問題であり、「ちょっと脅せば、唯々諾々と従うだろう」とナメられてしまっているのだ。濫発されるオフレコ宣言に言いなりになるメディアばかりでは、多くの人が知るべき重要事項を知ることができなくなってしまう。

パート4

# 日本が直面する課題

# 第8章

# 東日本大震災が遺したもの
## ——防災、原発問題

２０１１年3月11日を境に日本は大きく変わった。あの日起こった東日本大震災、それに続く原発事故によって、長く住んでいた土地から離れた数多くの人がいる。原発政策に対する賛否の議論は、震災前よりも格段に激しく交わされるようになった。残念なことに、東日本大震災が最後の巨大地震となる可能性は限りなく低く、もっと大きなものが将来襲いかかってくると予想されている。復興の歩みを止めずに進む一方で、来たるべき次の災害に向けて準備を怠らない。そんな姿勢がいま求められている。

## *1* 復興の道筋

### 静かなミナミ　過剰な自粛よりも

2011年4月、大阪・難波の大型家電量販店に入った。1階の一角に赤い壁の目立つコーナーがあり、中国人向けに炊飯器や血圧計など多様な家電が並ぶ。しかし、普段はにぎわっているそのコーナーにいたのは、筆者だけだった。

東日本大震災が1カ月半前に発生したばかりで、福島の原発事故の先行きが見えない中、中国人だけでなく多くの外国人が帰国したり日本への渡航を控えている。少人数のアジア人グループが関西空港に到着しただけでテレビのニュースになるぐらいだから、日本の不人気ぶりがわかるというものだ。家電量販店の他に中国人に人気なのはドラッグストアだが、こちらも観光客グループは見当たらず静かだった。

海外勢があえていま日本を訪れないのは、仕方ないことだ。何が起こるかわからない国にわざわざ行こうと思わないのは、人の心理として理解できなくもないからだ。

しかし、ミナミを歩くうちに、街の静けさは単に外国人観光客が減ったためだけではないと感じた。とにかく人が少ないのだ。外国人だけではなく日本人も街に出ていないのではないかという疑問が、徐々に確信へと変わっていった。

震災発生以来、被災者はこれまで通りの普通の生活ができなくなっている。しかし、彼らだけでなく、それ以外の多くの人々がひっそりと控えめに暮らすようになった。「被災者の苦しみを思うと、何もしてあげられないのに普通に暮らしているのは申し訳ない」という罪悪感が背景にあるのだろうか。そしてもうひとつ、「こんな大変な時に楽しそうな顔をしていたら、まわりの人に何と言われるかわからない」という恐れに似た考えも結構強いのではないか。いわば「強制的自粛」である。もっとも、自粛というのは自分の意志で抑制するもの。それなのに、まわりの雰囲気に押されて自粛するのも奇妙な話だ。どうも周囲の空気に流される傾向が強いようだ。

震災の被害は本当にひどい。テレビや新聞、ネットなどで被害の状況を見るたびに筆者だって涙がこぼれるし、大した支援ができない自分に対する無力感を強く感じる。

でも、こんな時だからこそ、被災していない人たちが今まで通り普通に暮らすことがこの上なく大切なのだと、筆者は強く信じている。生活すべてを停滞させてしまっては、復興に向かう体力すら奪われてしまうのだ。被災地を支援するならば、普通に生活した結果の余力を寄付にまわしたり、ボランティア活動の時間にあてればいいのだと思う。

ゴールデンウィークが始まった。例年ならば、各地の観光地でのにぎわいや、そこへ向かう車の渋滞の列や満員の列車が話題になる季節だ。だが、今年は少し様子が違う。連休だ、旅行だ、などと言っていられない人が例年よりも圧倒的に多いのは事実だ。でも、過剰に自粛せずに、できるだけ普通に暮らす。これを大切にしたい。このゴールデンウィーク、筆者自身は里帰りをするし、大好きなアウトドアの旅にも出かけるつもりでいる。

（2011年4月29日）

## 東日本大震災から1年　のど元を過ぎても

まもなく東日本大震災からちょうど1年の区切りを迎える。この1年間で人々の生活や考え方、行動パターンが大きく変わったことを考えると、あらためてこの出来事の大きさを強く感じる。

ここ数週間、テレビや新聞で大震災を扱う番組や記事がとみに多くなっており、また各地でさまざまな催しも行われている。数日前に日本テレビ系で放映されたドラマ「3・11その日、石巻で何が起きたのか

〜6枚の壁新聞〜」もそのひとつだ。宮城県の石巻日日新聞では輪転機が水没して新聞を発行できなくなり、発生翌日から6日間にわたり手書きの壁新聞を作成した。この壁新聞は国際的にも大きな注目を集め、米ワシントンにあるニュースの総合博物館ニュージアムに展示されることになった。

このドラマで柄本明さんが演じた報道部長の武内宏之さんは、2011年末に筆者が勤務する近畿大学で講演をしてくださった。社屋にいた自分の目の前を流されていく人を見るという強烈な体験を静かな語り口で話していた武内さんが、「自分たちの住んでいる地域、仕事をしている場所で何もしないのは、自分たちの存在を否定すること」と述べた言葉が印象に強く残っている。そんなことを思い出しながら、未曽有の災害を取材する記者たちの姿を淡々と描くドラマを見ていた。

こうしたドラマやドキュメンタリーを見たり、特集記事などを読んでいると、あらためて大震災による被害の大きさを痛感するし、津波や原発事故によってそれまでの生活が根底からくつがえされた人々の痛みを感じる。

だが、テレビでも新聞でも大震災を扱う頻度はおそらく徐々に少なくなっていくだろう。大きな出来事が起きた時は、その発生直後、そして1年後、2年後という区切りの際に大きく扱われるが、それ以外の時にはあまり報道されることもなく、少しずつ忘れられるというパターンがどうしても多くなる。

日々の生活ではたくさんの出来事が起こっており、いつまでもひとつのことにこだわっていられないというのも現実だろう。だが、あれだけ悲惨な大震災をただ忘れてしまっていいとは思えない。せめて出来ること、すべきことは、あの被害を今後に生かすことだ。

大震災は他人事ではない。東南海地震、南海地震が起こる可能性の高さが指摘されている。そして、それが実際に起きた際に発生する津波の危険性も報道されている。

筆者自身、東日本大震災発生直後には緊急避難用袋を作って目につきやすいところに置いていたし、避難場所も確認した。だが、その後リュックの中身は長らくそのままにしてある。そろそろ中身をチェックすると同時に、昨年決めた避難場所は建物の崩落や津波などの危険性から見て安全なのかもう一度確認しなければいけないと気になっているところだ。

のど元を過ぎても熱さを忘れずにいることが、東日本大震災で命を落とした人たちの冥福を祈るひとつの方法であり、自分の命を守ることにもつながるのではないだろうか。


（2012年3月9日）

## 復興目指す福島県川俣町　〝オール近大〟の持つ力

2014年1月、福島県川俣町に初めて行ってきた。ここは、東京電力の福島第1原発が立地する町ではなく、隣接してもいない。ただ、離れていながら放射能の線量が高く避難指示区域に指示された飯舘村のすぐそばにあり、町内では除染活動が進められてきた。

筆者が勤務する近畿大学では、「『オール近大』川俣町復興支援プロジェクト」と銘打って、さまざまな活動を行っている。筆者もその一員として加わることが決まり、今回訪れることになった。

元々は絹織物や軍鶏で知られた川俣町。当日は雪がちらつく中を、町の人たちと近大が協力してサツマイモ、ミニトマト、ハーブを育てているビニールハウスを見学した。また、町長に話を聞いたり、町の人たちに身につけてもらう線量計に関する説明会にも参加した。

今回は日帰りだったため、町の人の話はごくわずかしか聞けなかった。だが、学校給食に出される食品の放射線量が毎日測定され、それでも不安でたまらない保護者が何度も繰り返し問い合わせてくる話を聞いたり、町で耳にしたラジオ番組で「午後3時現在の福島県内各地の線量」を報じているのを聞いた時、放射能の危険と隣り合わせの生活が急に現実のものとして迫ってきた。現場に行かなければ得られなかった実感である。

ちなみに、今回筆者がこのプロジェクトに加わることになった主な理由は、筆者の専門分野がジャーナリズム論であることだ。放射能の線量をはじめとして、近大側がさまざまな情報を町の人たちに伝えるにあたり、どのような伝え方をすれば相手にきちんと伝わるのかを、これまでの記者としての経験を生かしてお手伝いすることになった次第だ。事実を伝えることはこれまでも大切にしてきたが、それだけでなく伝え方に心を砕きつつ、微力ではあるが役に立てるよう努めていきたい。

と同時に、現場で見聞きしたことの中から、外の世界に向かって伝えるべきことを伝える役割も果たせたらと願っているところだ。

（2014年1月24日）

## 福島の不安どう減らすか　根拠ある情報届く体制を

まもなく東日本大震災から丸3年を迎える。前月に続き福島県川俣町を訪れた。「ガラスバッジ放射線量測定結果に関する懇談会」に、筆者が勤務する近畿大学の同僚たちと参加するためである。「「オール近大」川俣町復興支援プロジェクト」の一環で、近大は放射線量を測るガラスバッジを同町の子どもたちに配った。

懇談会は町内の学校や幼稚園などの先生たちと大学側の参加者との間で行われた。近大の原子力研究所の山西弘城教授が測定結果の概要を話し、医学部の人見一彦教授が「災害とメンタルケア」と題する講演を行う一方で、先生たちから放射線に関する子どもや保護者の反応を聞いた。

先生たちによると、大震災直後しばらくは子どもたちの多くが放射線の影響を恐れ、中には「ばいきんがいるから」と外に出ることをこわがる子どもがいたり、給食の全てや一部を食べたがらないといった反応があったという。だが、ガラスバッジで放射線の数値がはっきりと把握できたり、放射線に関することを学ぶ時間を定期的に取るうちに、今ではかなり落ち着いてきたらしい。

だが、すべてが解決されているわけではない。依然として給食をとらずに自宅から用意してきたものを食べる生徒や、校庭やプールでの体育の授業を拒む生徒も一部にはいるといった報告があった。また、乳幼児を持つ保護者たちの中には今も強い不安を抱えている人がいるようだといった声も出た。さらに、これはこの懇談会で出てきた話ではないが、放射線の影響を懸念して被災地から遠く離れた場所で暮らし続ける人たちもいると聞く。

今回の訪問では、根拠のある情報が、それを必要としている人にきちんと届くかどうかが、被災者の不安の低減に大きな影響を及ぼすことを痛感した。そういった情報が信頼に足るものだと担保できた上で届けられるシステムの構築に向けて、どうすれば一歩でも前進できるのか考えていきたい。

（2014年2月21日）

## 〝非被災者〟の苦悩に目を　被災地との境界で

東日本大震災で被害を受けた町の人たちは、何を思っているのだろう。3年前から折に触れそれを考えてきた筆者は、発生から1年後に石巻やいわきを訪れ、近畿大学が復興を支援している福島県川俣町にも最近になって数回行った。現場に行く前より今の方が、震災を身近に感じている。

だが、筆者に見えていたのはわずかな断片であり、震災が人々の心に与えた影響の複雑さははかり知れないものだと思い知らされた。それは川俣を訪れた時のことである。その日は、除染・心身ケア・産業振興の支援にたずさわる近畿大学の専門家たちが、これまでの活動に関する報告を町民に対して行った。

報告の後に相談会の場を設けたところ、ひとりの男性が筆者に話しかけてきた。飯舘村に隣接する川俣町は、町の一部に居住制限区域や避難指示解除準備区域を設けている。こうした区域に自宅がある人々は、そこに住めない不自由さがある一方で、補償金が支払われている。問題なのは、そのすぐ外側、つまり境界近辺に住む人たちの苦悩だと、その男性は語った。放射線の懸念を感じながらも「被災者」と認定されず、経済的な補償がなく、移住もできずに暮らし続けている人たちである。また、自主的に別の土地に避難したものの、費用は全て自分持ちで、経済的に苦しんでいる人もいるという。

経済的に潤ったように見える被災者を横目に、つましい生活を強いられる〝非被災者〟。被災者たち自身も、〝優遇〟されていることに遠慮して、自分の住所を口にできない空気が生まれつつあるのだという。両者の間に溝が生まれた状況の中で生活する人々は、どれだけの息苦しさを覚えていることだろうか。

「境界の外側にいる人たちのことを、政府にもっと知って欲しいし、マスコミにも見て報道して欲しい」と男性は筆者に訴えた。震災で被害を受けた町の人たちの思いをもっと浮き彫りにするためには、より一層目をこらし、耳をすまさなければならない。

（2014年4月4日）

# 2 来たるべき大災害への備え

## 忘れられた静かな緊急事態 「世界にも目」肝に

東日本大震災発生直後から、被災地には多くの支援が寄せられた。また、被災者のために何かしたいという声もよく耳にした。

筆者も何ができるのか調べた。中にはボランティアとして現地に赴いた人がいるが、筆者には被災地ですぐに役立つ専門的な知識や技術がない。そこで何かを送って支援することにしたが、具体的なニーズを正確に把握することが難しい。それならお金にしようと決めた。お金があれば被災者が本当に必要なものを効果的に届けられるだろうと考えたのだ。

こうした災害が起きると、駅前などに募金を呼びかける人が立つ。まじめにお金を集め被災地に送る人がほとんどだろう。だが、詐欺まがいの募金を行う輩《やから》も後を絶たない。

そこで、できるだけ活動内容を明らかにしていると感じられた団体に、わずかだがお金を送った。しかし、送金後にその団体のホームページを読んでいると、「必要資金を上回るご協力をいただいた場合には(中略)他国・地域での紛争・自然災害などによる緊急・復興支援に活用」する可能性があると書かれた文章に気づいた。筆者は「今回の震災の被災者に私のお金を使ってほしいのに」と感じ、ある友人にメールでその不満を伝えた。

国際的な援助団体での勤務経験を持つその友人から返事が届いた。そこには「募金した側としては「ちょっと」と思うのかもしれないけれど、これは他の援助団体も場合によってはつける条件です。日本の地震・津波など大きな災害はみんなの関心もあるし、予想以上に募金が寄せられることがありますが、報道があまりされないひどい災害、紛争などは、全く資金が集まらない場合もあるんです。こういう「forgotten, silent emergencies」（忘れられた静かな緊急事態）にも余剰資金を回せるように、このようなことを書く援助団体は結構あります」と書かれていた。

確かに発生直後の今は東日本大震災のニュース一色であり、多くの人が支援している。だが、その陰で別の災害を受けた人には必要な支援が集まらず、復興が遅れる可能性もあるのだ。また、時間が経つと東日本大震災への関心が薄れ、他の災害に支援が集中することもありうる。そういった意味で「忘れられた静かな緊急事態」を支援する、こうした条件は必要なのかもしれないと感じるようになった。

ただ、しばらく経ってその団体のホームページを再び見ると、方針の変更が告知されていた。先日筆者が目にした条件を東日本大震災緊急募金には適用しないことを最近決定したのだという。「多くのみなさまにご不信の念を抱かせてしまいましたことを、深くお詫び申し上げます」と書かれていた。どうやら当初筆者が感じたような不満を抱いた人たちの声が届いたらしい。こうした迅速な対応は支援者の気持ちを汲み取った結果だろうし、ありがたい。ただ、それと同時に、世界中のさまざまな被災者への目を忘れずにいたいと肝に銘じる出来事ともなった。

（２０１１年４月１日）

## 薄れる近所付き合い　万が一の時は誰と助け合う?

東日本大震災で被災し、家を失った人たちは数多い。その中のある人が被災直後に住んでいた避難所を出て、新たな避難所もしくは仮設住宅に移る時の言葉をテレビで聞いて、はっとした。「近所の人たちと離れたくない。近くに住みたい」と話していたのだ。

マンションの普及などで隣近所との付き合いは疎遠になりつつあるが、近所の人たちとの緊密な交流がある人もいる。では、なぜ筆者にはこの言葉が気になったのか。それは「もし私がこの人たちのように被災した時に、同じような言葉を口にするだろうか。離れたくないと思うような近所の人たちがいるのだろうか」と考えたからである。

答えは否である。大阪北部の住宅街に住む筆者は、マンションの隣室に住む人とは時々話を交わすし、その家の子どもたちともしゃべる。マンションの他の部屋の人たちとも、顔を合わせれば挨拶はする。でも、他の地域に移ってもぜひその人たちの近所に住みたいというほどの強い思いはない。

大阪のような大都市と、今回の被災地に多い、どちらかと言えば人口密度が低い地域とは、人のつながりの濃さが違う。また、筆者が住んでいるのは、転勤族が多いとされる地域で、しかも賃貸マンション。さらに、筆者には子どもがいない。近所付き合いが希薄にならざるを得ないし、日頃の付き合いがなくてもそれほど困らない条件が揃っているのだ。

今回その被災者の言葉が気になったのは、大震災のような何か困ったことがあった時に、近所の人の代わりに、自分は誰と助け合えばいいのだろうということが心に浮かんだからである。

筆者は友人の数が少ないわけではない。むしろかなり多い方だと思う。ただし、歩いてすぐ行ける距離に住んでいる友人は1人か2人だけ。大阪の中にはもっと友人はいるが、さすがに歩いては行けない遠さだ。さらに、日本国内の関西以外の地域や、海外などにも友人の輪は広がる。筆者の友人とのつながりは、学生時代や、仕事がらみなどで生まれたものがほとんどなので、土地のつながりは必ずしも強くないのである。

このように、近所付き合いはあまりないが、その他の地域に親しい友人がいるという人間関係を築いているのは、おそらく筆者だけではないだろう。インターネットなどの発達に伴って、むしろ増える方向にあるのではないか。

すでに進んでいる高齢化社会がさらに進展して、単身世帯も増えると言われている。「孤独死」の問題などもしばしば取り沙汰されるようになった。

ライフスタイルが多様化した中で、昔は都会にもあったような近所付き合いを復活させようというのは、あまり現実的な試みとは言えない。かといって、何もかもひとりですべてを済ませられるほど、人は強くない。筆者自身これからどうすればよいのかまだ答えは出ていない。とりあえずは、家は離れてはいても、仲がよい友人たちとのつながりを深めることから始めるしかないかと考えているところだ。

（2011年6月10日）

## 台風被害に衝撃　原因分析し防災の知恵を

日本列島を踏みつぶすかのようにゆっくりと縦断した2011年の台風12号。記録的な豪雨によって、奈良県や和歌山県などに非常に大きな被害がもたらされた。亡くなられた方々のご冥福を心よりお祈りしたい。

テレビのニュースや新聞記事には、息を吞むような光景が広がっていた。透き通るような色だったはずの川は土砂で濁った太い流れとなり、道路や鉄道が至るところで途切れ、家は流されたり押しつぶされて元の形を想像するのさえ難しい。自然災害の爪跡は心をえぐる。

今回特に筆者の心に大きな衝撃を与えたのは、なじみ深い場所が変わり果てた姿になってしまったからという理由が大きい。大きな被害にあったと報じられている十津川《とつかわ》村では、細い道をシカなどに出会いながらドライブしてようやくたどりついた小さな温泉宿で、静けさを存分に味わいながら星明かりの下でお湯につかったことがあった。那智勝浦《なちかつうら》町ではさまざまな魚を釣り上げた楽しい記憶が残っている。そんな大好きな風景が無残な変化を遂げている様を見るのは本当につらい。

また、和歌山の南端・串本《くしもと》町から少し山あいに入ったところにある古座川《こざがわ》町の様子も気になる。豊かな緑の間を流れる清流の美しさにひかれ、川沿いの巨大な岩のそばで何度もキャンプをしたり、大きなウナギを釣ったりした、筆者にとっては思い出深い場所だ。涼しくなったらまたあそこにキャンプに行こうと考えていた矢先だった。他の地域と違って、死者や行方不明者が出ていないこともあってか、町の様子はあまり詳しく報道されていない。だが、周辺地域であれだけの被害が出たのだ。何も影響を受けていないとは考えにくい。

今回の台風12号をめぐっては、テレビのニュースなどで、台風そのものの位置を中心に報じたために、台風から離れた地域でも降雨量が多くなることが十分に伝えられていなかった、との批判が出た。また、住民に対する避難指示が出なかった地域で被害が大きかったことにも、疑問を呈する声があがった。こんな時は、「誰それが何々をしなかったから」という「犯人さがし」をしがちだ。または、誰も責任を取りたくないがために、原因すら見つけようとしないこともある。

だが、何よりも大切なのはやはり、今回の甚大な被害がなぜ起きたのか分析することである。それによって、問題点をどう修正すれば、再び起こるかもしれない災害による被害を最小限に防げるのか、という知恵を得られるのだ。

今回の台風によってたくさんの貴い命が奪われ、これまでの生活を大きく変えざるを得ない人々も多い。今回の被害を教訓にして、今後起こりうる災害への対応をより万全なものとして欲しい。一日でも早く、奈良や和歌山のあの美しい景色がよみがえり、地元の人々が穏やかな生活を取り戻せるよう、願わずにはいられない。また、筆者自身もあの豊かな自然を再び満喫できる日を心から楽しみにしている。

（2011年9月9日）

## ハザードマップと初対面　英語やめ「災害予測図」に

数日前に筆者は自分が住む自治体のハザードマップ（災害予測図）を初めて見た。これまで見ようとしなかったのは、関西地方が風雨や土砂の災害にさらされる時にも大阪は比較的被害にあいにくかったことがある。だが、最近の豪雨で土砂災害警戒情報の緊急速報がスマホにけたたましく入って肝を冷やしたり、広島の土砂災害で想像を絶する数の犠牲者が出て、気持ちが変わった。

ハザードマップを見てまず感じたのは、これまで筆者は自分の町の地形をいかに理解していなかったかということだ。町のどこに川が流れているかも把握していなかったし、川の数の多さに驚いたほどだ。

これまで筆者は災害に遭遇した経験がない。だが、被災した人々の言葉を聞くと、「その瞬間」は強い驚きで混乱状態に陥っていることがわかる。だから、いざ災害が発生した場合にどう行動するのか、普段から計画を立てておくことが求められる。

その一助となるのがハザードマップである。川の氾濫時に自宅や周辺が浸水する可能性はどれほどあるのか、土砂災害警戒区域が自宅の近くにあるのか、避難所はどこにあるのか、行政機関や病院、ガス・電気・水道関連の電話番号は何番かといった情報が、通常から手元にあれば心強い。災害が発生する時間帯は自分で選べるわけではない。無防備になりやすい真夜中などに起きても、備えがあれば減災につながる。

ただ、ハザードマップという言葉には違和感を禁じ得ない。英語を日常的に使っている筆者はハザードが危険を意味することを知っているので、なんとなく危険や災害に関連する地図と推測することができる。だが、英語になじみが薄い人は、何を意味するものなのかわからないまま手に取っていないケースもあるだろう。単純に「災害予測図」と言えば済むものをあえてわかりづらくするのは納得できない。どんな人にもわかりやすくしてこそ減災につながり、より多くの命が助かるのではないだろうか。

（2014年8月29日）

## コーヒーブレイク⑩

### ●最悪の事態に直面した時、必要とされるのは

取材活動中には予想外の出来事によく遭遇する。それがポジティブな驚きだった時にはその幸運

に小躍りしたくなる。だが、逆に段取りがうまくいかないような展開を迎えると、どうしても焦ったり慌てたりしがちである。想定外の出来事に対応しそこねて、重大なニュースを取材できないことほど記者にとって悔しいことはない。

そういった状況を防ぐため、常にいくつかのシナリオをあらかじめ考えておく。特に悪い想定を立ててみて、そういった事態が発生した時に自分はどう対応するのかを前もって考えておくことが大切である。

緊急時の対応策がきちんと用意されていれば、パニックに陥りそうになっても事態を冷静に受け止めて、余裕を持って次善の策を打つことができる。覚悟を決め、その後の取材を少しでもよいものとするためには欠かせない準備である。

## *3* 原発はどこへ向かうのか

### 脱原発は世界の流れ　未来に向け議論を

福井県おおい町の町長が、定期検査で停止中の関西電力大飯《おおい》原発の再稼働について、「夏はすぐそこにきており、待ったなしの状況。（電力供給地としての）使命感はあり、前向きに検討したい」と発言したと報じられた。同町だけでなく、原発を抱える近隣の地方自治体の首長らも、運転再開について前向きな考えを示している。

おおい町は「原発銀座」と呼ばれる若狭《わかさ》湾沿岸にある、農業を主な生業とする静かな町だ。筆者も何度も足を運んだことがあるが、原発マネーのおかげで町の財政は驚くほど豊かだ。医療や福祉も充実しており、人口9000人の町には不釣り合いともいえる豪華な運動施設やリゾートホテル、ヨットハーバーなどのハコモノが立ち並ぶ。だが、もし原発がなければこの町は財政破綻するだろう。雇用も生まれず、他に農業ぐらいしかない町からは若者はさらに姿を消すだろう。原発を持つその他の町も似たり寄ったりの状況だと思われる。

原発マネーは麻薬のようだ。その金がいったん自治体に入ると、それを拒むことは困難である。だが、福島でこれほど大きな事故が起き、周辺から避難した人々がいつ自分の町に戻れるかわからない状況だ。おおい町にしても、心ある一部の町民はこのままでいいとは決して思っていない。

さて、関西電力の株主総会が開かれた。東京電力の株主総会に負けず劣らずの荒れ模様だったらしいが、原発再稼働に向けた方針を変える意向がないことが明らかになった。

株主総会に出席した知人によると、「地震が来たらどうする？　津波は？」との質問に、関電側は「日本海はプレートがないので、あのような地震は起こらない」「津波も3メートル（の想定）で十分」といった趣旨の回答をしたとか。これには驚いた。東電が連発している「想定外」の東日本大震災が起きたばかりで、その検証がまだ十分に行われていないはずなのに、何を根拠にしているのかと首をかしげざるを得ない。関電もいざとなったらやはり「想定外」を繰り返すだけなのだろうか。いずれにせよ、原発頼みの状態は今後も継続する可能性が高いようだ。

今すぐすべての原発を廃炉とすることはあまり現実的ではないことは理解している。一部の人たちが主張しているような、電気を使わない、まるで原始時代のような生活を送れるわけはないからだ。また、原発マネーによって支えられている地元民の生活を、代替措置も考えずに破壊するわけにはいかない。

だが、脱原発は世界の流れになっている。いずれ日本も原発とサヨナラする日が来るだろう。そのとき、筆者たちの生活や経済活動に必要な電気をどう確保するのか、原発マネーという麻薬に蝕まれた町をどう再生するか。未来の子どもたちに大きな不安や危険を残さないためにも、もういい加減、このような議論を進めてもらいたいものである。

（2011年7月1日）

## 大飯原発の再稼働問題　地元の暮らしを考えると

福井県おおい町にある大飯原発の再稼働をめぐる動きが、大詰めの段階を迎えている。東日本大震災をきっかけとした福島第1原発の事故の収束が見通せず、原因究明や安全策の強化が充分になされないまま停止中の原発を再稼働させてよいのかという意見がある。一方、原発を止めたままでは電力供給が十分ではないため、猛暑となれば夏を乗り切れないほか、経済活動がさらに停滞するとして懸念する声もある。

筆者は基本的には、日本がこれ以上原発を増やす方向に向かうべきではないと考えている。福島第1原発レベルの事故が再び起こる確率が仮に小さいものだとしても、実際にあれほど甚大な被害を現在だけでなく将来にわたってもたらす事故を目撃した以上、いくら必要不可欠な電力を生み出す道具であっても、危険なものを容認し続けるわけにいかないという考えに根ざしている。

ただし、多くの反原発の運動家たちとおそらく異なっているのは、全ての原発をただちに廃炉の方向に向かわせるのではなく、漸減の方向に舵を切るべきと考えている点だ。このように考えるのは、原発立地に住む人々に直接会う機会が何度かあったことによる影響が大きい。

数日前もおおい町を訪れた。と言っても、原発に関する用件で行ったわけではなく、たまたま別の用事があったのである。再稼働を控えた町は大騒ぎになっているのだろうと思いきや、いつもの通りとても静かで、人々はごく普通の生活を送っているようだった。ただ、山に囲まれた静かな宿の庭先に出ていると、大阪からやってきたという女性に再稼働反対のビラを渡されたのには驚いた。その周辺ではほとんどの人たちが車で移動するのだが、その女性は、距離を置いてぽつぽつと点在する地元住民の家々を徒歩で訪ねて、反原発を説いてまわっているらしい。

町で会った地元の60代の男性に話を聞いた。すると、「外から来た人たちが、原発はこわいから再稼働させてはいけないと言う。でも、福島で起きたことを見た今、そういう外から来た人たちよりも、私たちの方がよっぽど原発をこわいと思っている」と語った。ただ、地元の人々には原発によって支えられてきた生活がある。「事故すら起きていない今、お金も何ももらえない状態でどこにも行くことはできない。原発があるここに居続けることしかできない。それを、原発立地にいる人間は悪いやつだと非難されるのはたまらない」とも話した。

原発立地の町は、おおい町に限らず高齢化が進む過疎地が多い。原発そのものの危険性はもちろん無視できない。だが、それと同じくらい大切なのが、地元に住む人々の今の生活である。ただひたすら反原発にのみ突き進めば、自治体の破産を招くこともありうるのだ。ただし、現時点で再稼働に積極的な人々が、本当に地元民のためを思っているのかどうかは、正直なところかなりあやしいと言わざるを得ない。そんな観点からも、これからの展開からは目を離せない。


（2012年4月13日）

## 大飯原発前のデモに疑問符　効果的な運動を息長く

大飯原発3号機が再稼働された。当日、反対運動のため集まった人々の様子が気になり、筆者はおおい町に向かった。

前回訪れたのは、再稼働正式決定直後の前月半ば。反対派たちはその時、原発の前でデモをするわけでもなく、町の総合運動公園にできたテント村で音楽のライブを続けるだけだった。「何か行動を起こさなければ」という熱意は認めるが、正直なところ、大多数から強い共感を得るのは難しいのではないかと感じた。

さて、再稼働の当日、筆者が町に着いたのは、天気予報通りのどしゃぶりが続く昼過ぎだった。今回はさすがに公園ではなく、「本丸」の原発の前に車を停めて出入口をふさぎ、声をあわせて「再稼働反対」を叫ぶ人がかなり集まっていた。

雨がっぱを着て傘をさしてもぬれるほど激しい雨の中、子ども連れの参加者が多いことが気になった。子どもを預ける人がいない、この出来事を見せたい等々、さまざまな理由があるのだろう。子連れのある女性は「原発の入口付近にあるモニタリングポストが高い放射能数値を示していて心配」と語っていたが、そんなところになぜ子どもを連れてきたのだろう。それに、大人ですら寒く感じる場所に子どもを立たせておいて、風邪や肺炎にかかる心配が先ではないだろうか。雨がやんだ時に、1歳ぐらいの薄着の男の子が父親らしき男性を見上げて何か言いたそうにしているが気づいてもらえない様子を目にした時は、やるせない気持ちになった。

寒さや放射能の他にも、機動隊との衝突の可能性もあった。仮に「子どもがいるのだから手荒なことはしないだろう」と考えていたのだとしたら、わが子を「盾」のように考える恐ろしい発想ではないか。

もうひとつ、筆者が違和感を持ったのは、その場に流れていたお祭り気分のような雰囲気だった。ドラムセットをはじめさまざまな楽器を持ち込み、その演奏に合わせて人々が踊る様子はまるでディスコやクラブにおける「トランス」のような状態。筆者は音楽が大好きである。また、人々の気持ちを高揚させてまとめる時に音楽が果たす役割が大きいことも知っている。それでも、原発の敷地前にフンドシ一丁で踊る男性が出てくるに至っては、個人の表現の自由という枠を超えている気がしたし、はっきり言って「引いて」しまった。

再稼働に至る政府の強引な手法を見れば、今後も次々に再稼働が進むことが容易に予想できる。だが、福島の事故や使用済み核燃料の処理問題を考えれば、原発依存で突っ走っていいとは到底思えない。つまり、脱原発は息長く続けなければならない運動なのだ。何かをしたいと思う純粋な気持ちが、今回は多くの人から噴出した。その声をいかに効果的に届かせるのかを考えなければ、いつか徒労感が生まれかねない。徒労感から脱落する人を出さないため、そして、脱原発には賛成だがデモ参加に今は乗り気でない人を巻き込むため、効果的な運動を作り出す必要性が非常に高くなっている。

（2012年7月6日）

## ●公平性を保ち、中立的な立場に立つこととは

コーヒーブレイク⑪

世の中の出来事の多くには肯定派と否定派が存在する。記者も人間なのだから、当然のことなが

ら物事に対して肯定や否定、あるいは賛成や反対の意見を持っていたり、好き嫌いの感情を抱いている。だが、こと取材を行うにあたっては、あえてそういった意見や感情をいったんは封印する必要がある。そして、双方の立場の人たちに話を聞いていくことが、記者としての最大の役割なのである。

賛成派・反対派双方が、あれこれ好き勝手なことを記者であるあなたに対して話すだろう。それをそのまま書いて伝えたのでは、読者は混乱してしまう。双方の主張するポイントをわかりやすく整理したり、時にはその問題に関する専門家に事態を分析して説明してもらうなどして、抽出された情報を文章にする。そういった記事を読むことによって、読者は双方の意見を咀嚼《そしやく》して自分のものとし、自分自身の考えを固めていくことになる。

読者の理解を助けるためには、そういった公平・中立な立場で情報を提供することが欠かせないのである。

# 第9章 農業と食

言うまでもなく、人間が生きるためには食べ物が欠かせない。地球全体の人口が膨張を続ける中で、日本の食料自給率は下がり続けており、今は周囲に潤沢にある食べ物が不足する事態がいつか発生するかもしれないという危機感を持たざるを得ない。筆者が勤務する近畿大学の学生たちが受けていた農業に関する授業、彼らが農家で行ったフィールドワークなどを通じて、将来の日本の食のあるべき姿を考えた。

## *1* 浜美枝さんから学生たちが受け継いだもの

### 浜美枝さんの講義 「現場」の大切さ学ぶ

映画『007は二度死ぬ』に出演した女優で、日本の農業問題や民俗関連にも詳しい浜美枝《はまみえ》さんが、2

010年4月に開設された近畿大学総合社会学部の客員教授に着任した。

浜さんが行う講義のテーマは「自分らしさの発見―暮らし・食・農・旅がもたらすもの」。地域社会の結びつき、農業、食料自給、環境といった内容を扱っており、筆者は講義のお手伝いをしている。学生たちは月に2回ずつ浜さんの講義を受けた後、三重県・鳥羽の答志島《とうしじま》で1泊2日、そして彼女が持つ福井県の古民家で2泊3日のフィールドワークを行う。

講義に先立ち、準備のために浜さんが何度か近大に足を運んでくださったのだが、そのうち1回は「実際の講義を見たい」とおっしゃり、筆者の講義を2コマご覧になった。英語のリーディングと「基礎ゼミ」と呼ばれる講義で、どちらも1年生対象のものだ。

浜さんには大変失礼だが、いまの学生たちは彼女を知る機会がほとんどない。筆者の講義を受けていた学生に事前に尋ねたが、浜さんの名前を知る学生はいなかった。そんな学生たちに会った浜さんがどんな思いをなさるだろうかと、正直なところ少し不安を抱いていた。

しかし、ひとたび学生たちの前に立つと、あの明るくて美しい笑顔と優しい語り口で、英語を一生懸命学ぼうとしている学生たちに対して、浜さん自身がボンドガールを演じる際に英国での撮影で英語の発音に非常に苦労した経験を語り、あっという間に学生たちを魅了した。

こんな経験をしていたせいか、浜さんの正式な講義が始まるにあたっての筆者の不安はほとんどなくなっていた。ただ、つい先日まで高校生だった子が農業などを題材にした浜さんのテーマにどれほど興味を持つのだろう、という懸念が多少ながらあったことは否めない。しかし、それは全くの杞憂だった。意外と言っては学生たちに申し訳ないが、こういうテーマへの関心はかなり高かったのである。

さて、浜さんや学生たちと共に答志島を訪れた。島には「寝屋子制度」という、少年期から青年期にかけての男子が一緒に寝屋親の家に寝泊まりする制度があるからだ。浜さん自身、この制度に強い関心を寄せており、講義で学生たちにドキュメンタリー番組も見せた。

「現場を訪れる大切さ」を語る浜さんの思いを受け止め、答志島の人々と語り合った学生たちは、「現場」できっと多くを学んだだろう。

（2010年7月30日）

## 浜美枝さんの講義　福井の農家を訪ねて

浜美枝さんの授業を受ける学生たち十数人と共に、高速バスで福井県おおい町での2泊3日のフィールドワークに筆者が向かったのは、8月上旬の早朝だった。作家・水上勉氏の資料館「若州一滴文庫」では、水上作品の挿絵を描いた地元の画家、渡辺淳さんにお話を伺った後に、水上氏が愛したという竹紙の作成工程の一部を実体験。その後、1～2時間に1本しかない路線バスに乗り、浜さんが持つ農家「やまぼうし」に着くと、浜さんが夕食のカレーを作って待っていてくれた。

初日の夕食後は、おおい町でコメ農家を営む松井榮治さんに囲炉裏端で新規就農者のことなどについてお話を伺った。農業の担い手が減る中、農業に縁がなかった若者を迎える方法を模索する松井さんの話に耳を傾けた。もし農業に興味があるなら、いい師匠を見つけて基本を学ぶことが大切だという。今回訪問した学生の中に、松井さんを師と仰ぐ人が出るのだろうか。

翌日は、おおい町の中を自転車で巡った。小川や滝での水遊びの後に、牛を育てる畜産農家へ。最初はおそるおそる干し草を与えた学生たちだが、少し経つと牛に話しかけながら新鮮な草を抜いてきて食べさせるようになり、楽しい時間を過ごした。8月上旬時点で口蹄疫《こうていえき》の問題は収束したが、万一再燃した場合に、身近な問題として感じられるきっかけとなったように思う。

午後は松井さんの農園でコメの花を見たり、夜のバーベキューで食べる万願寺とうがらしやナスを収穫した。やまぼうしの庭先でのバーベキューには、松井さん一家に加え、おおい町や周辺地域で農業に携わる20～30代の男性数人や、渡辺淳さんも参加、にぎやかな夜となった。農家に生まれて家業を継いだ人もいれば、県外から若狭《わかさ》地方へ来て農業を学び就農した人もいる。トマトや梅、コメなどさまざまなものの生産に関わる彼らは夜遅くまで、自分たちの仕事について楽しくかつ真剣に、天の川や流れ星がはっきり見える夜空のもと、話してくれた。

3日目の朝、学生たちは「まだ帰りたくない」と浜さんと別れを惜しみながらやまぼうしを発った。浜さんが繰り返し訴えた「現場を訪れる大切さ」が彼らの心に届いたのだろうと実感できる瞬間だった。

（2010年8月20日）

## 福井に「近大農園」　農業に関心示す学生たち

2011年の初冬、小さな「近大農園」が福井県のおおい町に誕生した。ただし、関わっているのは、近畿大学農学部の学生ではなく総合社会学部の学生たちだ。メンバーは、総合社会学部の客員教授を務める浜美枝さんの講義を受けた後、浜さんがおおい町に所有する古民家で夏のフィールドワークに参加した学生たちの一部だ。彼らは、その経験を通じて農業に深い関心を寄せるようになった。そこで、この「近大農園」プロジェクトを自主的に企画したのである。

フィールドワーク最終日に夏の満天の星空を眺めつつ古民家の庭先で行ったバーベキューの最中、学生たちが浜さんやおおい町でコメ農家を営む松井榮治さん、地元で農業を営む若者たちと話すうちに、このプロジェクトのアイディアが生まれた。夏のフィールドワークに続き、この新たな企画も、松井さんが全面的にバックアップしてくださっている。

冬を迎え、この寒い季節に日本海側の福井県南部ではほとんど植えるものがないというのは、少しでも農業の経験がある人には常識なのかもしれない。しかし、学生たちも筆者も素人同然だ。せっかく始めようとしたプロジェクトを少しでも早く動かしたいと考え、このプロジェクトの付き添い役を務めている筆者は松井さんに、何か今すぐにでもできる農作業を探してくださるよう無理を承知で頼み込んだ。

前日の夜はあまりに楽しみでなかなか寝つかれなかったという学生までいる。その「熱い」気持ちを汲んで、松井さんは学生たちのために、なんとか今の時期でもできる農作業を考えてくださった。その結果、プロジェクト立ち上げの記念すべき最初の活動は、ビニールハウスの中でのコマツナ畑づくりとなった。小さいけれど重い耕運機をよろよろしながら押して畑を耕し、種をまっすぐまけるように畑の端から端までヒモを直線に張り、非常に小さなコマツナの種を少しずつつまみながらヒモに沿ってまいていった。また、翌日には、脱穀機を足で踏みながら操作してコメの脱穀作業もした。充実した2日間を過ごした学生たちは、筋肉痛に悩まされながらも満足気な表情を見せていた。春になったら、コメ作りにも挑戦する予定である。しかも、できる限り手作業で行うつもりだ。

浜さんの講義では、ドキュメンタリー鑑賞などを通じて、農業の楽しさばかりではなく、農業が抱える問題や大変さなどについても学んだ学生たち。それでもあえて、「近大農園」を通じて農業に関わってみたいと考えたその心意気は大切にしたい。

農業について熱心に語り、農作業の手順をていねいに学生たちに説明した後、ゆったりとした表情で、慣れない農作業に奮闘する学生たちを見つめていた松井さん。「この中からひとりでも将来的に農業に関わってくれたらうれしい」と語った。その答えが出るのは当分先になりそうだ。だが、小さな種を今まいておけば、いつの日か大きな収穫ができるかもしれない。

（２０１１年12月９日）

## ＴＰＰで和牛はどうなるか　畜産現場の声を学生と聞く

まぶしい日差しが照りつける中、山あいを自転車で走るうちに強い臭気が漂ってきた。毎夏訪れていた福井県おおい町の畜産農家に今年もやってきたのだ。近畿大学総合社会学部の客員教授、浜美枝さんの授業を受けた学生たちも一緒だ。

薄暗い牛舎に入ると、肉牛を生む母牛たちが少しずつ顔を近づけてきた。最初はおそるおそる草を食べさせていた学生たちも、慣れてくるうちにかわいさを感じるようになったらしく、なかなか牛舎から出ようとしなかった。

「若狭牛」を育てる畜産農家は町では1軒だけだというオーナーに話を聞いた。長年にわたり、エサを工夫するなどして肉牛として少しでもいい等級がつくように努めてきた。だが、出荷した牛につけられる等級はさまざまで、すべて最高級と判定されることはないらしい。そのため、コストに見合う順調な経営はかなり難しいそうだ。

そこへ来て、いよいよ環太平洋連携協定（ＴＰＰ）が目の前に迫ってきた。外国産牛肉がさらに輸入されれば自分たちが経営を続けるのは相当厳しいと、オーナーは語っていた。家族を中心に小規模でやっているこのような畜産農家では、大規模経営の米国、オーストラリア、カナダなどに、価格面で太刀打ちできないのだという。

「和牛には和牛にしか出せない柔らかさや味わいがある」として、国産牛肉はこれまで人気が比較的高かった。そういえばニューヨークの人気ステーキ店で食べた牛肉は驚くほど硬かった。今後、外国産牛肉がより安く国内で売られるようになった時、そして、いま和牛が持つ「独特の味わい」を仮に外国産の肉も持つようになった時、日本の消費者はどう反応するのだろうか。

草をやるうちに、しまいには手をなめるほどの人なつこさを発揮した母牛たち。他の牛に草をやっていると、「自分にもくれ」と言わんばかりに大きな鳴き声をあげる牛もいた。そんな牛たちが数年後にどうなるのだろうと思いながら、牛舎を後にした。

（2013年8月16日）

## 自ら食を確保する力　作り手が見える食べ物

2013年度までの4年間に近畿大学総合社会学部で客員教授を務めた女優の浜美枝さんの授業を受けた学生たちが、「近大農園」として立ち上げ福井県おおい町で主に活動している農業サークルが、その後、「やまぼうし農園」と改名して現在に至っている。

同町のコメ農家の一家に支えられながら主にコメ作りに取り組んできた彼らが、3度目の収穫期を迎えた。今年は初めてもち米に挑戦。シカに田んぼを荒らされたり、交代で大阪から草刈りに通ったり、苦労は多かったようだが、筆者にももち米ともち米粉を届けてくれた。さっそく中華おこわを作ったら、ホクホクとおいしいものができた。材料を作った人の顔が分かるから、なおさらおいしく感じたのかもしれない。

言うまでもなく、食べ物は命を保つために不可欠なものである。欠かすことのできないものを自分の手で作って確保する大切さを体感している彼らには、たくましさを感じる。もし筆者が近大生として浜さんの授業を受けた後にやまぼうし農園で活動していたら、どんなことを考えていたのだろうか、その後歩む道のりはどう変化していたのだろうなどと考えると、彼らをうらやましく感じたりもする。

まもなく幹部が4年生から3年生に引き継がれるらしい。浜さんの授業を受ける機会がなかった学生も加わり、サークルは続いている。

最近、もち米ともち米粉で作ったさまざまな料理を持ち寄って、試食会が開かれた。その中から特にメンバーの人気が高かったものを作って、収穫祭に出店するのだという。投票の結果、みたらしだんご、シフォンケーキ、スノーボールクッキーを作って売ることが決まった。筆者が試食会に出した中華おこわも作る可能性があるらしく、楽しみだ。

その収穫祭、若狭町の「かみなか農楽舎」で開かれる。大阪からでもそう遠くない。作り手が見える食べ物を求めて、足を運んでみてはいかがだろうか。

（2014年11月7日）

## 2　食へのこだわり

### 小豆島の旅　忘れていた「旬」

瀬戸内海の小豆島《しょうどしま》を訪れた。幼い頃に壺井栄の『二十四の瞳』を読んで以来、長年気になる場所だった。東京から大阪に移り住んで距離が近づいてからは特に、いつかは行きたいと思い続けていたが、ようやく念願がかなったのである。

小説の舞台となり、1954年の高峰秀子主演映画のロケでも使用された「岬の分教場」は、1971年まで実際に学校として使われていた。その建物のあまりの小ささに驚いたが、頭の中で思い描いていた場所に実際に立ったことは、筆者にとって大変な感激だった。さらに、田中裕子主演のリメイク版（1987年）を製作する時のオープンセットを活用した「二十四の瞳映画村」に入ると、昭和初期の街並みが洗濯物まで忠実に再現されている。また原作を読んでみよう、映画を見よう、そして再びここに戻ってきたい……そんな気持ちにさせられた。

ところで、小豆島には『二十四の瞳』以外にもさまざまな魅力がある。そのひとつがオリーブである。今から約100年前に当時の農商務省が三重、鹿児島、香川で、輸入した苗木を使って試作を行ったのが始まりだったこと、他の地域では木の成長が伸び悩み栽培を断念する中で小豆島のオリーブだけが順調に育ったことは、今回初めて知った。

オリーブの木と言えば、レストランの店先に植えられているものしか見たことがなかったが、そういった場所で植えられている木は、たいていほっそりとして背丈も低めだ。しかし、小豆島で海を見下ろす畑に育つオリーブの木々は幹ががっしりとしており、仰ぎ見るほどの高さのものがそこらじゅうに生えていた。

さて、島でオリーブ製品を扱う店に入った時、筆者の一番のお目当てはオリーブの実の塩漬けだった。調理用のオイル、お菓子、化粧品、染めものなど、オリーブを利用したさまざまなものが店内には並んでいる。しかし、オリーブの実が見当たらない。

店員の方に尋ねて謎が解けた。「オリーブは10月に収穫して塩漬けにして売り出すので、もう売り切れてしまっているんです。賞味期限もあまり長くないですしね。ぜひ10月にまたいらっしゃるか、通信販売で注文してください」と言われたのだ。

野菜や魚など自然のものには旬がある。その当たり前のことを忘れていたことが、なんだか恥ずかしく思われた。スーパーマーケットや輸入食品を扱う店に入ると、オリーブの実のびん詰めがいつでも棚に並んでいる。そのため、収穫の季節になると新しいものが出てくるという感覚を失っていたのだ。

オリーブだけに限ったことではない。今はたいがいの野菜が一年じゅう出回っている。季節を感じるのは、フキノトウ、菜の花が店先に並ぶ春頃ぐらいしかないかもしれない。便利な世の中ではある。でも、10月にオリーブの実が届くのをじっと待つ。そんな気長な楽しみがあることも再発見した小豆島の旅だった。

（２０１１年３月４日）

## 道の駅に立ち寄って　都会に届かぬ曲がったキュウリ

数日前に栗ごはんを炊いた。最近買って愛用している料理本に載っているレシピで料理したのだが、栗やサツマイモの他に、松の実やアーモンド、油揚げ、オリーブ油まで入っている。栗の皮をむく作業はしんどかったが、その甲斐あって、しっかりと味が濃い栗ごはんをおいしく食べた。

この栗は、先日福井へ出かけた際、帰り道に寄った京都府内の「道の駅」で買ったものだ。その店では、いま沿道で収穫の盛りを迎えている枝豆をはじめとする、地元産のさまざまな野菜が並び、多くの人で賑わっていた。筆者もついたくさんの野菜を買い込んで車に積み込んだ。

最近はこうした地元の野菜を売る店が大人気らしい。筆者が野菜を買った後にたまたま通りかかった別の道の駅では満車になっていて、入り口に車の長い列ができていた。ここも地元の新鮮な野菜を売っていることで知られており、都会から買い出しに行く人が多くて混雑していたようだ。

ところで、福井では若狭地方に行った。食料品を買おうと、ある町のスーパーに入ると、野菜売り場に地元の野菜を売るコーナーがあった。大阪市内でも見かけるようなごく普通のスーパーなのだが、生産者の名前が袋に書いてある、最近よく見かけるタイプの売り方をしているのだ。

筆者は、そのコーナーに置いてあったキュウリに目を奪われ、つい手に取り、カゴに入れた。と言っても大した理由があるわけではない。5本ほど入ったキュウリが揃いもそろって大きく曲がり、サイズがまちまちだった、というたったそれだけの理由である。

筆者は、父方の親戚が信州で兼業農家をしていたこともあり、旧盆の頃に遊びに行くと毎食のように採れたてのキュウリが食卓にのぼる。時には親戚宅の裏手にある畑で収穫を手伝うこともある。そのキュウリ、まっすぐに育ったものはほとんどお目にかからないが、味は本当においしい。まっすぐだろうが曲がっていようが、味には全く関係ないのだ。今回福井で買ってきたキュウリも、塩をちょっとつけて食べると、みずみずしかった。

だが、筆者が住んでいるような都会のスーパーでは、まるで違う品種のキュウリが売られているかのように、まっすぐのものにしかお目にかかれない。農家の人たちがよく話してくれるのだが、曲がっているキュウリは売れないから出荷せず、まっすぐ育ったものだけを選り分けて都会へ送っているのだ。

ただし、見た目よりも味を優先しようという流れが、一昔前より強くなっていることを感じる場面も増えている。今回食べたキュウリのように、曲がっていてもおいしいことを知っている人も多くなったようだ。だが、あと一歩の勢いが足りないから、曲がったキュウリが都会の食卓になかなか届かないのだろう。

人間と同じように、見かけよりも中身が肝心である。食の安全が今までにないほど問われている今こそ、見た目にだまされない眼力を養って、本当においしいものを食べていきたい。

（２０１１年10月14日）

## 珍味を訪ねる小旅行　食の豊かさが身近に

２０１３年のゴールデンウィーク、運がよい人は10連休になったようだ。筆者はほぼ暦通り。前半と後半に3、4日ずつとなった。後半はぎりぎりまで予定を立てずにおり、出かけたいと思った時には時すでに遅し、関西から四国方面まで調べたがどこの宿も満員だった。高速道路も長い渋滞が予測されていた。

そこで、日帰りドライブを2日連続ですることにした。１日目は京都北部、翌日は奈良南部へ向かった。

はっきりとした目的地があるわけではない。新緑のまぶしさを眺めながら、適当に車を走らせた。

ただし、ドライブ中に見かけると「道の駅」には立ち寄らずにいられない。ご当地名物を売るテントからしょうゆが焦げるようないい香りが漂っているところも多い。だが、筆者が真っ先に足を運ぶのは野菜のコーナーである。周辺で収穫された野菜が比較的安く売られていることが多い。ガソリン代込みで考えればそこそこのコストがかかるのだが、それはさておき新鮮な野菜を買い込む。

さらに楽しみなのは、季節ごとにあらわれる珍しい野菜や山菜のたぐいだ。3月末にはワサビ菜、5月の今回はコゴミやイタドリを買ってきた。コゴミは今までに食べたことがあったが、それ以外は初めて。店員の女性が「ワサビ菜は小さめに刻んでサラダに入れるとおいしい」と教えてくれた。イタドリについては、店内が混み合っていて尋ねられそうな人もいない。そこでスマートフォンを取り出して、「イタドリのレシピ」と検索してみた。すると、下処理のしかたからさまざまな調理方法まで出ている。

都会に住む人にとって、昔なら、〝田舎の親戚〟でもいなければ手に入りづらかったものが、比較的容易に入手できるようになった。そして、〝おばあちゃんの知恵袋〟のような人でもいないと食べ方がわからなかったものも、ネットのおかげで扱いやすくなった。

次はどこの道の駅でどんな珍しいものを買って、料理できるだろうか。そんな「食の豊かさ」を楽しんでいるところだ。

（2013年5月10日）

## 大盛り欲しい人ばかりか　多様な生活に合う品揃えを

毎年のことながら、立秋とは名ばかりの猛暑が続く毎日である。筆者はどうにも暑さに弱く動きが鈍っているのだが、食欲だけは旺盛だ。それも、見た目や味わいで涼しさが感じられるものには目がない。

その筆頭が冷やし中華である。料理が得意な父が元気だった頃、夏に里帰りするたびに作ってもらっていた。食堂などで食べる冷やし中華の中にもおいしいものは少なくない。だが、父の冷やし中華には何か特別なものがあった。もちろん幼い頃から食べたという思い出の力もあるだろう。だが、それに加えて、「秘密のレシピで作ってる」と父が自慢気に言っていたタレのおいしさも大きな魅力だった。亡くなる少し前の夏に、ちょっとした偶然から父にそのレシピを教わったメモが、今では宝物である。今夏もそのメモを見ながら何度か作った。

さて、学生時代などには、4人家族の中で筆者が一番の大盛りにしてもらってもあっという間にたいらげていた。だが、さすがに近年はそこまで食べられない。ところが、冷やし中華を作るために生の中華めんを買おうとスーパーマーケットに行くと、1人前を増量した袋が多いのだ。店によっては増量したものしかなく、普通の量が欲しい筆者は残りを捨てることになりもったいない。また、時には手抜きをしようとタレまでついているセットを買おうとすることがあるが、2人前がセットで売られていることが多い。ひとりや3人などで食べる時、残りの1人前を数日以内に確実に食べられるわけではなく、これまた無駄になってしまう。

生活形態の多様化が始まって久しい。一人暮らしの人は多いし、さらに増えるだろう。家族だって別々に食事をしたり、違うものを食べたりする。大食いの人も小食の人もいる。普通盛りの生めんが1人前ずつ簡単に買えるような、各々の生活に合わせた細やかな配慮がある店が多くなれば、多様なライフスタイルを持つ人々が住みよい社会への第一歩となるのではないだろうか。

（2013年8月9日）

## 農の後継者どう育てるか　リンゴやプラムを次世代へ

リンゴの産地と言えば、筆者は信州を真っ先に思い浮かべる。それは、父が生まれ育ち今も多くの親戚が住む小布施《おぶせ》という町でリンゴが盛んに育てられていることと結びついている。今年も、何軒かの親戚から自宅でとれたリンゴが届いた。たっぷり蜜の入ったものもあれば、今ではほとんど店頭では見かけない珍しい品種もある。

ただし、小布施ではリンゴばかりでなく、町の至るところに、クリ、ブドウ、モモ、プラム、ナシなどの木も植えられている。その町に最近遊びに行った。その、ごく短い滞在の間に何度か耳にしたのが、後継者をめぐる話、つまりどうやってそれらの果樹園を次世代に伝えて行くかという話だったのである。

リンゴ、モモ、プラム、ナシを長年栽培してきた80代後半の男性は、プラム畑の一部について栽培の権利を知人に引き継ぐ手続きを進めている。肩を上げた姿勢が続いたり、はしごに登ることが多く、高齢者にはつらい作業が多い。後継者がいないその男性は、畑全体の整理を少しずつ始めているのだと話した。

一方、別のある家では、それまでリンゴやブドウの手入れを一手に引き受けていた70代の男性が急死した。他の家族は会社勤めをしており、栽培を引き継ぐ時間的な余裕はほとんどない。だから、リンゴの栽培は諦めることにした。だが、ブドウはなんとか続けてみようと思い立ち、見よう見まねで始めている。

そして、夫婦ふたりで栽培・販売をしているリンゴ園では、関西から移り住んだ若い夫婦が研修を受けている。栽培技術を学んだ後は、土地を借りてリンゴ農家として独立するつもりらしい。

ここに挙げただけでも三者三様だし、後継者をめぐっては他の農家も異なる事情を抱えているのだろう。

筆者は、必ずしも子が親の跡を継がねばならないとは思わない。むしろ、関心を持った人が引き継いだ方が農業は生き残れるのではないか。その結果、わが愛する信州のリンゴが生き残ることを望んでやまない。

（2013年12月20日）

## コーヒーブレイク⑫

### ●多面的な切り口をどう見つけるか

2001年の米同時多発攻撃や2011年の東日本大震災などは、それが発生したことそのものがもちろん大きなニュースだった。発生当初には、被害の大きさが時々刻々と変化したり、政府をはじめとしてさまざまな関係者が発言するほか、現場に居合わせた人や遺族などからさまざまな感情が吐露され、報道する材料に事欠かない。

だが、日が経つにつれて、何を伝えたらよいのか難しくなってくる。出来事そのものは大きい。だからなんらかの形で伝え続ける必要がある。そこで、いかに多くの切り口を見つけられるかが、記者の腕の見せ所となってくる。

たくさんの切り口を見つける、つまりひとつの出来事を多種多様な形で報道するのは、同じ素材をいかに異なる方法で料理するのか、ということに似ているかもしれない。その能力を高めるためには、取材している事件や事故のことを詳しく調べることが欠かせない。できるだけ多くの関係者に会って話を聞き、過去の似た事例について書物などで調べ、深く広く知ることによって、さまざまな〝料理方法〟が見えてくるだろう。

# 第10章 社会全般

日本の社会の様相は、これまでにも国の内外のさまざまな要因の影響を受けつつ、変化してきた。今もその変化の真っ只中であり、それは止まることなく続いていくだろう。今後は特に高齢化社会が急速に進んでいく。また、従来は比較的均一な考え方を持つ人々が多いとされてきた日本が、多様な価値観や生き方を内包する社会へと変化を遂げつつある。できるだけ多くの人にとって生きやすい社会を作り出すためには、何が必要なのだろうか。

## 1 日本社会と自殺

### 自殺防止の活動 「ゼロ」になるまで

日本で自殺をする人の数が年間3万人前後という状態が、なかなか変わらない。
ロイターの大阪支局に駐在していた頃、記者の仕事とは別に、筆者は「国際ビフレンダーズ・大阪自殺防止センター」でボランティア活動をしていた。今もメンバーとして名を連ねているが、教員の仕事に就いて以来、忙しさを言い訳にすっかりご無沙汰している。この団体は、自殺したいと考える人の気持ちに寄り添い、その人の話を「傾聴」することを、活動の中心に置いている。

大阪支局の記者だった当時、取材や記事執筆など一日の仕事を終えた後や、週末の休日などに数時間、自殺防止センターの中にある電話の前に座り、さまざまな人たちからの電話をとった。

経済的な理由や病気などいろいろな理由から死にたいという気持ちを抱えてしまった人たちの話は、どれもとても重かった。筆者の不用意な一言に腹を立てて電話を切られてしまうこともあった。しかし、じっくりと話し終えた後に、死にたいという気持ちが薄らいだと言ってもらうことがごくたまにあると、大きな役割を果たしたような達成感を感じた。だからと言って、その人の自殺の可能性がゼロになったわけではないことはわかっていたけれど。

活動の一環で、会議出席のためにポーランドや英国に行ったこともあった。各国でボランティア活動をしている人たちと出会うと、文化も言葉も全く違うのに、自殺したいと考える人を支えるという同じ目的に向かって活動しているという、なんともうれしい連帯感を持った。

最近、自殺防止センターの仲間から連絡があった。これまでは、1日24時間、365日欠かさず電話を受け付けてきたセンターが、活動時間を短縮するのだという。金曜午後から日曜夜までだけ、電話を受け付けることになったのだ。ボランティアの数が減ったことが原因だという。新しいボランティアを育てるための研修は絶えず行っているが、これまで活動していたボランティアがさまざまな理由で辞めてしまい、人数の増加が図れないらしい。ある友人は「こころの救急箱」という別の大阪の団体でやはり自殺を考える人の電話を受けているが、その団体も活動は月曜夜から火曜未明までのみだそうだ。筆者自身がずっとサボっていることにも心が痛むが、もっと多くの人の声を聞けるような改善策はないのだろうか。

自殺によって苦しむのは、亡くなる本人だけではない。遺族の人たちの苦しみも悲しみも非常に深いことが、筆者がボランティア活動の中で出会った人たちから強く伝わってきた。

最近ようやく自殺の問題に政府が積極的に取り組み始めた。自殺防止センターやこころの救急箱だけでなく、さまざまなボランティアたちの活動の成果が実りつつある表れだろう。とは言っても、自殺者が減り、そしてゼロになるまで、この活動は止めることができないものなのだ。

（2010年10月29日）

## 樹海のイメージ変わるか　自殺めぐる報道に一石

富士山麓の青木ヶ原樹海を管理する山梨県は、自殺を助長する恐れのある映画やテレビ番組の撮影を樹海内では認めないことを盛り込んだ「自殺防止対策行動指針」をまとめた。

筆者は東京の実家から毎日のように眺めていたせいか、富士山には格別の親しみを感じる。また、樹海の中をつらぬく道路を何度かドライブしたことがあるのだが、この森の中で死のうとする人が多いとは想像もできないような、静かで美しい場所だ。

だが、山梨県の人口10万人あたりの自殺者数は5年連続で全国ワースト1位。これは発見場所をもとにした集計であり、県外から来た人が命を絶つケースが多いことも要因のひとつのようだ。

今回の山梨県の措置は、樹海のネガティブなイメージを払拭《ふっしょく》しようという試みらしい。「あそこに行けば死ねる」「死ぬのにふさわしい場所」という見方を消し去り、森を森として楽しむ人に来て欲しいという考えだろう。

また、今回の試みは他にも影響を及ぼしうる。自殺を考えている人に対して、死ぬ場所や方法など具体的な情報を知らせず、その結果として自殺を減らせる可能性があるのだ。世界保健機構（WHO）は、自殺予防の目的でマスメディア関係者のための手引きを作成し、報道の際に「してはいけないこと」として、写真や遺書の公表、自殺手段の詳細な報道、自殺に関する単純な理由の付与、自殺を美化したり扇情的に取り上げることなどを挙げている。

自殺対策に取り組むNPO法人ライフリンクのホームページには、オーストリアで地下鉄への飛び込み自殺が大々的に報じられた後は飛び込みが相次いだが、ガイドラインを作って報道をコントロールしたところ、飛び込み自殺が減り、全体の自殺率も低下したという例を掲載している。

だからと言って、「臭いものにはフタ」と、自殺には全く触れないようにすべきと考えているわけではない。自殺者をめぐる状況改善の必要性は待ったなしである。

最近はいじめによるとみられる自殺が注目を集めている。ただ、その報道で、自殺の方法を話したり現場の映像を映していることで、自殺を考えている人を「あと押し」しているのではないかと気になってならない。

自殺を報道する際に、場所や方法より大切なことは多い。WHOは、自殺防止のために報道機関が「するべきこと」として、保健専門家との密接な連動、直接関係のあるデータのみを新聞の第1面ではなく中ほどのページで取り上げること、自殺以外の選択肢の強調、支援組織などの情報提供、自殺の危険を示す指標の公表などを挙げている。

このように自殺について本欄で書くと、「自殺を詳しく報じるなと言いつつ、自分のコラムでは書いて、自殺を助長している」という声が出そうだ。だが、あくまでも自殺をあおることが目的ではなく、今回の試みが意味することを分析するとともに、マスメディアの取り上げ方のあるべき姿を提案しているつもりである。

（2012年9月14日）

## 2 高齢化社会でどう生きるか

### 高齢化社会 トイレに求められる配慮

最近公衆トイレを使用した時のことである。ある施設の中のものだったのだが、そこは年配の人が比較的多い施設だった。筆者がトイレに入って行った時はすべて満室だったのだが、ひとつの個室が空くと、筆者の前に並んで待っていた70歳代と思われる女性がその個室へ向かった。しかし、いったんドアを開けて中をのぞくと、筆者の方へ向き直って「お先にどうぞ」と譲ってくれた。理由は、その個室が和式トイレだったからだった。その女性は、5つある個室のうち2つある洋式トイレのいずれかが空くまで待つつもりだということがわかった。

実は、このように和式トイレを譲られる経験は筆者にとって初めてのものではなく、何度も出くわしている。年配の人たちはひざなどに痛みを抱えることが多い。そういった人たちにとっては、和式のトイレでしゃがむのはかなりの苦痛を伴うというか、ほとんど無理らしい。そのため、後ろの人に順番を譲ってでも洋式のトイレが空くのを待って使おうとするのだそうだ。

幸いなことに今のところ筆者のひざは痛まないし、和式でも洋式でも難なく使用することができる。だが、これから年齢を重ねるにつれて、身体のあちこちが痛み始める可能性は非常に高い。また、年をとらなくても足にけがをすることはありうる。筆者が和式のトイレを見てため息をつき、後ろに並ぶ若い女性に譲って、洋式が空くのを待つ日がいつ来るかはわからないのである。

日本で古くから使われていたものが姿を消していくのは、時にはさびしいこともある。街並みをはじめとして、できるだけ古いものを残したいと感じることもある。しかし、和式トイレのように、現実問題として使えない人がどんどん増え続けているものをそのままにしておいていいのだろうか。古民家の再生利用に関わる仕事をしている人が筆者の身近にいるので、時々話を聞くのだが、古びて味わいのある外観や大きな柱などはできるだけ生かしつつも、中身は最新の設備を活用する場合が結構あるらしい。古くてよいものと新しくて便利なものをバランスよく使うことが、より快適な生活を送るカギなのではないだろうか。

今回の公衆トイレの例では、男性にとっては個室を使用する回数がそれほど多くないだろうから、あまり経験をしたことがなく実感がわかないかも知れない。だが、高齢者の男性にとっても、これとは別に、加齢とともに不便を感じるようになった設備があるのではないだろうか。

高齢化社会は間違いなく進行している。生まれてくる子どもたちの数を増やすために、子育てを手厚くサポートする施策は非常に重要である。だが、その一方で、増え続ける高齢者たち自身が少しでも住みやすくなる社会を作り出すべく、このような一見ささいにも思える細かいところに目を配って、改良を加えていく努力も必要だと考えている。特に高齢者が多い施設、たとえば病院などから先頭を切ってもよいのではないかと期待している。

（２０１２年３月16日）

## 道を譲られて　老いは「いつか行く道」

通勤のためにバスに乗ろうとしていた時のこと。筆者の前に並んでいたのは、70～80代の夫婦らしき2人連れだった。男性の方は足が悪いのか、杖をついている。彼がバスに乗り込むのを待つつもりでいると、女性が振り返り「お先にどうぞ。ゆっくりですから」と筆者に声をかけた。そこで、お言葉に甘えて先に乗り込んだのだが、少し経ってなんだか不思議な気持ちになった。

高齢者になれば、多くの場合、体力が落ちるし反射神経だって鈍くなる。そのため、高齢者が公共交通機関に乗ってくれれば、筆者はできるだけ席を譲るようにしているし、通りづらくて狭い歩道などでは立ち止まってやり過ごすこともある。

だが、今回のバス停での出来事はまるで正反対だ。ゆっくり歩いている2人に対して、日頃から急かす人がいるのだろうか。もしかしたら、舌打ちをしてプレッシャーをかけるような人もいるかも知れない。そう思うとやり切れないような、悲しい気持ちになった。

そう言えば、1カ月ほど前だっただろうか、電車が駅に着いて車椅子の人が降りやすいように駅員が板を渡す準備をしていた。しかし、ドアが開いた途端、板を渡すか渡さないかの時に、車椅子の周辺に立っていた人たちがわれ先にと降りていき、車椅子の人は人の流れがとだえて落ち着いたところで降りるのを目撃したのだった。

忙しさのあまり、そんなゆっくりと待つことなどしていられないという人もいるかも知れない。だが、老いは誰にでも平等に訪れる。筆者と同世代の人のみならず、もっと若い人たちにとっても「いつか行く道」である。また、どんな形で車椅子のお世話になる可能性があるかどうかもわからないものだ。そういったことを想像できるかどうかが、優しい社会にできるかどうかの分かれ目にもなりうる。そう考えれば、ほんの数秒、せいぜいかかっても数十秒の間待つぐらい、たいしたことはないと思えてくるのではないだろうか。

（2013年3月22日）

## 高齢者に危ない下り階段　転ばぬ先の杖を

幼い頃から筆者はよく転ぶ子どもだった。そして、いい大人になった今でも、恥ずかしいことにあちこちで転び、しょっちゅうアザや切り傷をこしらえている。どんくさいと言うべきか、歩き方のバランスが悪いのだろうか。そんな筆者が転びやすい場所として特に恐れているのが、階段である。特に下り階段では、何度も足を踏み外しかけたり落ちたりした。

しかし、下り階段が怖いのはどうやら筆者だけではないようだ。駅の改札からホームへの階段の手すりをしがみつくように握り締めながら、ゆっくりと降りてくる高齢者をよく見かける。階段の隣りにエスカレーターが設置されている駅は一時よりも増えた。だが、よほど大きい駅でない限りエスカレーターは1本のみで、たいがいが上りである。階段を上る方が身体にはしんどいが、下りの方が危険度は高い。

2013年4月には、神奈川県のJRの駅で階段を降りていた60代の男性がつまずき、前にいた70代の女性にぶつかり、転倒した女性が頭などを強く打って死亡するという事故が起きた。

総務省が発表した住民基本台帳に基づく3月末時点の人口動態調査によると、日本人の総人口は4年連続で減少した。一方、65歳以上の老年人口は3000万人台に乗った。その割合は24・4％に広がり、前年からの拡大幅は0・97ポイントと最大だった。

日本社会に占める高齢者の割合がさらに増えることは間違いない。そうなると、駅の階段では、手すりを握り締めよろよろと降りてくる高齢者たちで〝渋滞〟が発生するなどということも容易に予想できる。事故も起きるかもしれない。

そうなる前に、エレベーターや下りエスカレーターの数を増やすなどの手段を講じておくべきである。また、さらに大規模な工事になるが、自宅から駅にたどり着き電車に乗るまで一切の段差をなくすことだって、増え続ける高齢者のことを考えれば有益だ。この国の遠い行く末を見据えたうえでの施策が必要になってくるのだ。

（2013年9月6日）

## 3　マナーは他人のためだけではなく

### 自転車マナー　無灯火や暴走やめて

筆者は大阪に住んで長くなったが、今もなじめないのが、大阪人の自転車の乗り方である。「大阪の自転車マナーはよくない」ということは、大阪に住む前から耳にしてはいた。

ある日のこと、職場へ向かう道を歩いていた時に、長々としかも何度も繰り返し自転車のベルを背後から鳴らされた驚きは今も鮮烈だ。前を歩く筆者を脇に退かせるためにベルを鳴らしたわけである。それまで筆者はそういう経験をしたことがなかった。というより、自転車利用者が筆者に嫌がらせをしようと思っている時か、筆者に対して腹を立てている時しか、そんなことはしないものだというのがそれまでの筆者の「常識」だったのだ。

常識が覆るそんな経験を初めてした時は、驚きと同時に猛烈に腹が立ち、自転車の主をにらみつけた。しかし、大阪に住む期間が長くなり、何度も背後の自転車にベルを長々と鳴らされるうちに、嫌がらせではなく、単に「退いて」と促すための行為であることがわかってきた。文化の違いは本当に興味深いものだ。

それでも、いまだに不快感が完全に消えたわけではない。数日前も、背後で長々とベルが鳴った瞬間に筆者はつい後ろを振り返り、自転車に乗った相手をにらみつけ、舌打ちまでしてしまった。すると、相手は意外な反応に驚いた顔を見せて去った。筆者も、たいがいの新しい文化にはよくなじむたちだが、これだけは苦手だ。

ベルよりもっとたちが悪いのは、無灯火の自転車だ。暗い道で突然自転車があらわれて驚くことは多い。夕方から夜にかけては目をこらして歩かなければ身の危険を感じるほどだ。

自転車のライトは、暗い中で自分の存在を周囲の自動車や歩行者に気づかせるのが主な目的だろう。しかし、どうやらほとんどの自転車利用者は、暗い道を照らして自分が見えやすくするための道具と勘違いしているらしい。今どき、よほどの田舎でなければ、ライトで照らさないとあたりが見えないほど暗い場所はない。

お金にシビアな性格を持つ大阪人が電池代などを惜しんでいるのだろうか。でも、歩行者をはねたり、自動車にぶつかって自分がケガをした時のことを考えれば、電池代ぐらい惜しくないはずだ。わずかな手間やお金をケチって、大切な命を粗末にしては元も子もない。

このほか、昼間であっても暴走する自転車にぶつかりそうになったり、イナゴの群れのように無秩序に走り回る自転車集団に進路を阻まれるのは日常茶飯事だ。通勤中のバスが走る前を我が物顔でのろのろと走る自転車が渋滞を引き起こすのを見ていらつくこともたびたびだ。また、不法駐輪がのさばる街角の風景は醜い。

自転車にあらわれる大阪人気質。大切に守るべき文化となくすべき文化があるとしたら、自転車問題は間違いなく後者である。ただし、背後のベルに関しては、異文化からやってきた筆者がなんとか我慢して慣れなければならないのかも知れないと、嫌々ながら思い始めているところだ。

（２０１１年７月22日）

## 自転車との共存の道は　厳しい抑制策必要か

神奈川県川崎市で自転車に乗っていた母親と子どもが死傷したひき逃げ事件で、飲食店の経営者が道交法違反（ひき逃げ）の罪で、罰金35万円の略式命令を言い渡された。自動車運転過失致死傷容疑については、嫌疑不十分で不起訴となったそうだ。救護義務を放棄したこのドライバーに対しては驚きと強い怒りを覚えるが、人をひとり死なせておいて罰金がたった35万円というのも、なんとも納得しがたい気持ちである。

そんな事件の記事を読んでいるうちに、自転車がどのようにすれば歩行者や自動車と共存しながら安全を保っていけるのか、というごく基本的なことをあらためて深く考えさせられた。

あらかじめ言っておくが、今回の事件で自転車の母親がどのような運転をしていたのか、筆者にはわからない。また、自転車に母親と一緒に乗っていて亡くなった1歳の男の子については、ただただ痛ましいとしか言いようがない。

ただ、一般的に言って、自転車に乗る人たちの最近のマナーの悪さに辟易させられているのは事実である。

都市部では自転車の不法な放置が目に余る。駅前などではまっすぐに歩けないほどすきまなく自転車が置かれている場所もしばしば見かける。また、走っている自転車は一旦停止をすべき場所でも停止しない。止まるのは自転車に乗っている自分ではなく、歩行者か自動車の方に決まっていると勘違いしているようだ。当然のことながら、左右の安全確認もしない。人が大勢集まっている場所であっても猛スピードのまま で突っ込んでくる。ひどい場合になると、イヤホンを耳につけて、携帯電話の画面を見ながら運転していたりする。前方を確認せず、クルマや人が近づいてくる音も遮断しながら自転車を運転しているわけで、これで事故が起こらないほうが不思議なのではないだろうか。

自転車は法的には軽車両と呼ばれており、自動車と同じ交通規則が定められている。つまり、規則に違反すれば警察官から交通切符が交付されるのだが、大半の自転車利用者はそんなことも知らないだろう。

昔に比べて自転車の価格が安くなったためか、猛烈な勢いで数が増えているように感じる。それに伴って、歩行者と自転車、自転車と自動車との接触事故も増えている。

事故やトラブルを防ぐには、基本的には自転車を利用する人たちのマナーの向上に期待するしかない。しかしながら、ここまでマナーが悪くなってしまった以上、いっそのこと免許制の導入を考えてもいいのではないだろうか。警察による取り締まりを自動車並みに厳しくする、あるいは、自転車税といった税金を課し、これ以上の増加を抑制するのも手かもしれない。

もはや性善説だけではどうにもならない段階まで来てしまった自転車のマナー問題。冒頭で記したひき逃げ事件は不幸な出来事だった。だが、このままでは自転車に乗っている人たちも重いペナルティーを課せられることを、いい加減気がつくべき時が来ているのではないだろうか。

（2012年10月5日）

## 相次ぐ悲惨な交通事故　モラル向上だけでなく

大きな交通事故が相次いで報道されている。花見客でにぎわう京都の祇園での暴走によって観光客が死傷した事故では、常軌を逸した運転ぶりに驚いた。また、同じく京都の亀岡で小学生の集団登校の列に居眠り無免許の少年が運転する車が突っ込んだ時は、小さな子供だけでなく付き添っていた妊娠中の保護者まで亡くなり、胸が詰まる思いがした。そして、金沢から東京ディズニーリゾートに向かっていた高速ツアーバスが原型をとどめないほどに大破している姿を見た時は、言葉を失った。

それぞれの事故で亡くなった方々のご冥福を心よりお祈りするとともに、負傷した人たちの一日も早い回復を願っている。筆者も大切な友人を交通事故で突然失った経験を持つ。まだ長い時間を一緒に過ごすだろうと思っていた付き合いを一瞬にして断ち切られるのは、本当に辛かった。家族であればなおさらのことだろう。

今回の例に限らないが、大きな交通事故が起きるたびに、無免許、飲酒、居眠りなどの原因が取り沙汰される。そして、運転者のモラル向上を訴える声が高まるのである。また、高速バスの事故では、規制緩和をきっかけとしたバス会社間の過当競争や、劣悪な労働条件などに注目が集まった。

それはそれで大切なことではある。だが、そういったいわゆる人間に関する要因に解決策を求めようとする動きがあまりに強い様子を見ていると、何かが違うのではないだろうかと感じてしまう。眠気や、アルコールを飲みたいと感じる誘惑、免許など面倒くさいから取得したくないと思う気持ちを、「運転する時にはなくしましょう」といくら呼びかけたところで、その声が届く範囲は限られている。耳を傾ける気すらなさそうな人も少なくない。

そうであれば、そういったソフトウェアの部分にばかり力を注ぐのをやめて、ハードウェア、つまり乗用車やバス、トラックなどの性能向上によって、事故を防ぐ方向に向かうべきではないだろうか。誤解を恐れずに言えば、人間の「性悪説」に立つということだ。つまり、「人間が運転できる能力は相当に低い」のだとみなし、技術力によって補うことを考えたほうが現実的なのではないか、ということである。

報道で見聞きしたのみなので詳しいわけではないのだが、自動車の安全運転に関しては、障害物への接近で自動的にブレーキがかかったり、蛇行運転をすれば警告音が鳴るなど、すでにさまざまな研究が進んでいるらしい。極端を言えば、酔っぱらっていても眠っていても車が安全に運転してくれていればなおいい。これが、一部の特別な車両だけではなく、すべての車に標準装備されてはじめて、十分な交通安全対策がとられたと言えるのではないだろうか。

（2012年5月4日）

## 車内化粧が醜悪な理由　実害を想像できない人達

電車内での化粧は醜いと筆者は信じている。化粧は、そもそも素顔よりもマシに見せるため、または隠したいものを隠すために行う、非常に私的な行為のはずだ。にもかかわらず、その過程を人前にさらけ出すのは恥ずかしいことこの上ない。

それも若い人たちによるものならば、経験値の低さから馬鹿げた行動を取るのもしかたないと最大限譲歩できる。だが、最近40代の女性が化粧をしているのを見ることが多くなったし、先日は60歳前後の女性が化粧しているのを見かけた。ここに至っては醜悪としか思えない。

だが、ここまで書いたことは、あくまでも筆者の個人的な主観に過ぎない。筆者の好き嫌いばかり書いていては、コラムとして成り立たない。そこで、きょうは車内の化粧を客観的に考えたい。

筆者が自宅で化粧を終えた際、まわりに細かい粉が落ちていることが多い。これは、フェースパウダーやまゆ毛を書き足すペンシル、アイシャドーなどの粉が顔につかずにこぼれたものである。だから、筆者は化粧を終えてから外出着に着替えるか、先に着替えを済ませた場合は肩にタオルを巻いて化粧をする。

電車の中で化粧をしている人たちは、それだけの〝ゴミ〟を周囲にまき散らしているのだ。隣に座った人が化粧を始めるたび、筆者は自分の洋服に粉がついて汚れないか、気になってしかたがない。口紅を塗っている間にもし電車が大きく揺れて、唇からはみ出す程度なら笑い話で済む。だが、隣に座る筆者の洋服に〝キスマーク〟がつく可能性だって十分あるのだ。また、ペンのような形をしたアイライナーを手にしている人も目にする。もし電車が急停車した際に、手元が狂ったとしよう。単に洋服にしみが残る程度ならばクリーニング代をもらえば済むが、こんなとがったものが勢い余って目や鼻にでも刺さったらどうするのか。

こういった〝実害〟が想像できない心持ちで車内で化粧を続ける人々は、やはり醜悪としか言いようがない。

（2013年6月28日）

## 大人の水難事故減らしたい　油断せず楽しむ水遊び

筆者は泳ぎが苦手である。いまだに平泳ぎしかできないし、泳いでも25メートルがやっと。でも、アウトドアの遊びは大好きで海や川によく行く。水に入る時に欠かせないのがライフジャケットだ。ガッチリと分厚いタイプで色が似ていることもあり、装着した姿を友人たちが見て「（『ドラゴンボール』の）亀仙人にそっくり」と笑うが、命を守りつつ楽しむためには気にしていられない。

三重の銚子《ちょうし》川や和歌山の古座《こざ》川では何度か泳いだ。いずれも清流である。水中をのぞくと、アユやウグイ、手長エビなどさまざまな生き物が活発に動き回る美しい風景が広がる。特に銚子川は、プールの中で泳いでいるのかと錯覚するほど透明度が高い。水面をわたる風はさわやかで、水につかっていると身体がほどよく冷えて涼しくなる。

どちらの川にも多くの家族連れが来ており、小さな子どもたちが歓声をあげていた。その子どもたちの比較的多くが、ライフジャケットを身につけていることに正直なところ驚いた。昨今の水難事故の多さや教育の充実がその背景にあるのだろうか。だが、その一方で、かなり幼い一部の子がライフジャケットはおろか浮き輪すらつけず水に入っているのを見るとひやひやする。

もうひとつ気になったのが、ライフジャケットを使用している大人の少なさである。川岸から見ると穏やかな流れにしか見えないが、抗しきれないほどの強い流れのこともあるし、すぐそばは1メートルあるかなしかの深さだったのが、急に5メートルほどまで深くなっている場所もある。筆者は、水底の石がぬるぬる滑ってバランスを崩しそうになったこともある。カヌーを楽しむ人たちは例外なくヘルメットとライフジャケットをつけているのだが、水辺で子どもの水遊びにつきあっている大人は「これぐらいの流れなら大丈夫」と思うのだろうか。命あってこそ楽しめる水遊び、油断をせずにいい時間を過ごしたい。備えあれば憂いなしである。

（2014年8月1日）

## 水辺の飲酒に潜む危険　水の恐怖知って遊ぶ知恵

夏から初秋にかけ、さわやかな風に吹かれながらアルコールを飲むのは気持ちいいものだ。筆者はよく川べりでキャンプをするのだが、そこで飲む冷えたビールは最高である。

ただし、その際に筆者が自分に厳しく課しているルールがある。それは、いったんアルコールを身体に入れたら決して水には入らないというものだ。飲酒したら入浴しないのと同様、身体への悪影響が予想されるからだ。しらふの時ならば動くはずの身体が、水の中で思い通り動かない事態もありうる。

アルコールを大自然の中で飲んだ時、解放感のあまり水に飛び込みたくなる気持ちはわからなくはない。これはあくまでも自らの意思で行うものであり、万一これで事故にあったとしてもまあ自業自得としか言いようがない。

だが、海や川に筆者が遊びに行くたび、気になる光景を目にする。それは、子どもを水の中で遊ばせながら、そのかたわらアルコールを飲む保護者や引率する大人たちの姿である。自分自身は泳ぐ予定がなくても、一緒に連れてきた子どもが水の中でトラブルになったらどうするのか。ほぼ間違いなくその大人は水に飛び込んで子どもを助けようとするだろう。アルコールを飲んでいてとっさに水に飛び込めば、しらふの時よりも数倍危険は増す。

水辺で遊ぶ子どもたちに関してはライフジャケットを着せるなど危険への配慮が確実に進んでいる。だが、その一方で、大人の多くはライフジャケットがないまま水に入るし、飲酒する人も少なくない。子どもに何か危険なことが起きた際に守るべき大人たちがこんな状態で大丈夫なのだろうか。

楽しい水遊びに関して、あれこれ口うるさいことを言うのは野暮だとも思われかねない。でも野暮は承知である。楽しんでいると思っているうちに周囲の子どもたちを危険にさらしている。水のこわさ、アルコールの強力さをもっと自覚して、臨むべきではないだろうか。

（２０１４年８月８日）

---

## ●ネタ探しに欠かせない日常生活の観察

コーヒーブレイク⑬

大事件や大事故ばかりがニュースではない。日常生活の中で起きている、ごく当たり前の小さな出来事が記事のきっかけとなることはよくある。

日々の生活の中からニュースのネタを探すには、細やかな観察が欠かせない。たとえば通勤や通学の際に乗る電車やバス。周囲の人たちの行動を眺めたり、会話に耳を傾けたりすることによって、最近の中高生の間で何が流行っているのかを知ったり、社会がいま直面している課題の一端が見えることだってある。

電車の中では暇だからということで、音楽を聞いたりスマホでゲームをしたりしている人が多い。だが、それでは耳も目もふさがれているのと同然。仮に何かが起きていたとしても、何も気づかないまま終わってしまいかねない。

そういった常日頃からの観察行動が、周りの異変を察知する能力を高める。また、いざ大きな事件や事故が起きた時の気づきや行動が迅速になることにもつながる、というオマケがついてくるのだ。

## *4* 多様性を許容する社会へ

### 初めての入院で痛感　病院でこそ日常生活を

2012年4月に9日間にわたって、人生初の入院をした。早期の乳がんで手術を受けたためである。親族にがんを患った者が多くおり、その中には乳がん患者もいたため、以前から定期的に検診を受けていた。今回は自治体の無料検診の年にあたり、マンモグラフィーの検査を受けたら、がんが見つかった。

幸い早期発見となったが、入院先の看護師に聞いた話では、相当大きなしこりに触れるようになったり、外から見ても明らかにわかるほどの状態になってから受診する人もいるらしい。

乳がんの報告をすると複数の友人から「マンモグラフィーの痛さが嫌だから検診を避けてきたけれど、近いうちに受けてみようかな」という声が出たのは、筆者の経験が生かされるようでうれしい。ただ、マンモグラフィーは確かに相当痛い。痛くない新しい機械が開発されたという話をテレビ番組で見たが、導入している病院は少数派らしい。痛くない検診が普及すれば、早期発見の確率が上がるのではないだろうか。

ところで、筆者が入院した病院では医師や看護師たちが本当に忙しそうに働いていた。勤務医の過酷な勤務状況が報道されている中、彼らも例外ではないようだ。ただ、入院中、そんな彼らに筆者が接する際に嫌な思いをする場面は一度もなかった。病状や手術、治療方法についての説明は、こちらが納得するまで時間をとってくれたし、すぐに答えられない質問はメモしておき、後で病室に報告しに来てくれた。筆者は大きな病気にかかったのが初めてだったせいか、医師に対するマイナスの先入観が強く、「医者が親身になってくれる」状態が想像できず、驚くことが多かった。

また、デイルームと呼ばれるスペースが広々ととってあった。見舞客と時間を過ごす場所なのだが、患者が食事をとることも許されている。病室のベッド上でしか食べられない症状の患者もいたようだが、比較的自由に動けた筆者は、テーブルで食事をするという日常の習慣を続けられたことが、気持ちの支えになっていると感じた。

あまり期待していなかった食事も悪くなかった。というより、パン、ごはん、おかゆのいずれかを選べる朝食や、わずかな金額を追加すれば別メニューが頼める昼食・夕食、ひとつのトレーに載っていながら冷たいものは冷たく熱いものは熱く供されるやり方は、満足度が高かった。

さらに、病室の外には必要な時以外は名札が表示されていなかった。個人情報保護のためかどうか理由はわからないが、そんな細やかな心配りもありがたく感じた。

病人だからと言って治療に集中させられ、それ以外のことはすべてがまんするのではなく、できる限り普通の生活に近い状態で過ごせることは、何より大事だと痛感する毎日だった。

今回入院したのは格別に豪華な病院でもないし、特別料金を払ったわけでもない。再発・転移を防ぐために今後も治療や検診が続く筆者は、この病院にお世話になり続けることになりそうだ。でも、こういった病院が例外ではないことを信じたいし、そう願っている。

（2012年5月11日）

## 自民党「キャンディーズ」「女性だから」超える日は

「女子会」という言葉が流行り始めたのはいつからだろうか。筆者はこの言葉が実は嫌でたまらない。

今までにも女子会への誘いは受けたことがあるし、参加したこともある。でも、そのたびに「私が女性だから声をかけるのではなく、私が私だから呼びたいと言ってくれればいいのに」と違和感を抱き続けてきた。たまたま同じ女性というだけで、一緒にいるべき理由を他に見出せない人と女子会に同席しなければならないのは苦痛なのだ。ひねくれ過ぎだろうか。

安倍政権で重要ポストに女性を登用した点が注目されている。野田聖子氏が自民党の総務会長、高市早苗氏が政調会長、小池百合子氏が広報本部長に就任した。重要な地位に女性が登用されるような変化は喜ばしい。ただ、3人のことを「自民党のキャンディーズ」などと呼ぶ向きもあるようだ。また、登用について、参院選対応で華やかさを前面に出したと語る自民党幹部もいると報じられた。

確かにそういった側面はあるのだろう。筆者は女性のやわらかさや華やかさによってもたらされる効果を否定はしない。それに、男女がすべてにおいて同じであるべきと唱えるには、生物学的な観点など根本的な違いがあまりに大きいとも考えている。ただ、政治という同じ仕事をしている人たちを相手に、たまたま女性だからといって、その面ばかり強調して取り上げるのはしっくりこないのだ。

筆者が勤務していた外資系企業では、直属の上司が女性だったことが何度かあり、もっと上のポストにも女性がいた。また、産休・育休を終えた女性が復帰して元の仕事をするのもごく日常の風景だった。男性側もそれをごく当たり前のように受け入れて一緒に働いていた。だが、日本企業に勤める知人男性の中には、産休・育休による仕事のしわ寄せに愚痴を言う人が少なくない。

体力が物を言う特殊な仕事を除き、女性が男性より能力的に劣ってはいないというのは、誰にでも分かっている話だ。それどころか、入社試験で女子学生の成績の方がよくて「困った」という話すら複数の企業の人たちから聞いたことがある。でも結局、結婚や出産で退社したり仕事が中断するリスクを恐れる企業が、少々〝ゲタ〟をはかせた男子学生を優先して採用することが多いらしい。

少子高齢化が進む中で、女性の労働力は欠かせないものとなっている。また、この不景気から抜け出るにはまだ時間がかかる。となると、妻である女性の労働による収入も家計にとって不可欠だ。今こそ、男女の違いを受け入れつつも、「女性だから」と特別視する環境が変わることが強く求められている時ではないだろうか。

今回キャンディーズと揶揄《やゆ》された3人には、女性だから登用したのではなく、彼女たちだから、と言われるような活躍を期待したい。

（2012年12月28日）

## 息苦しい夫婦同姓　なぜ選択肢ないのか

「名字が昔と同じだけど今も独身？」と尋ねられた。またか。数十年ぶりに再会した知人の言葉だが、彼女が特別なのではなく、よく聞かれる質問だ。筆者は独身であることを隠すつもりはない。だが、大半の日本人男性はせずに済む、面倒で個人的なやりとりを、自分は何度もしなければならないという不満はある。

筆者は結婚をしないと決めた訳ではないし、いつかはするかもしれない。だが、その一方で、大切にしあえる相手がいる以上、法的な結びつきは二の次だとも日々実感している。ただし、入籍するとあれこれ〝特典〟が多いことには納得がいかないが。

2013年2月に内閣府は「家族の法制に関する世論調査」の結果を発表した。選択的夫婦別姓制度導入のための民法改正に対する反対派が2006年と比べ1・4ポイント増の36・4％で、賛成派の35・5％（1・1ポイント減）をやや上回った。わずかな差とは言え反対派が多く、制度導入はまた遠のいたのだろうと落胆した。

筆者は、名字と下の名前の4文字1セットで世間に認識してもらい、長年働いている。仮に結婚で今さら全く違う苗字になれば困る。だからと言って、相手に同じ不便を強いたくもない。

いま、女性は貴重な労働力の一端を担っている。その中には、旧姓のまま働きたいと願う人は少なからずいるはずだ。

何もすべての人に夫婦別姓を強制しようとは思わない。「大好きな人と同じ名字を名乗る幸せ」を感じる人もいるだろう。今回の調査で「名字が違うと家族の一体感が弱まる」と答えた人は、3・7％ポイント減ったが36・1％いた。そう思う人は同じ名字にすればいい。ただ、名字が同じで一緒の家に住んでいても関係が破綻している人は多い。逆に、入籍も同居もせず数十年交際を続け、相手を看取った人も知っている。望んでいるのは多様性を許容すること、ただそれだけ。とてもシンプルなことなのだ。日本は大好きな国だが、この息苦しさだけはたまらなく嫌になる時がある。

（2013年3月8日）

## 出産に〝支持〟は必要か　無神経なアンケートに戦慄

筆者は子どもを産んだことがない。産まないと決めていたわけではないが、いつか機会があるだろうと思っているうちに、今に至った。年齢的にこれから産むことはもうないだろう。

だが、両親は「子どもを産め」「孫の顔が見たい」と言ったことがない。孫をかわいがる知人が多い中、一度もそういう発言をしなかったことはありがたい。おそらく筆者の生き方を尊重してくれているのだろう。そういう親を持ったことを誇りに思っている。

筆者の周囲には、20代で結婚してすぐ何人も子どもを産んだ人もいれば、シングルマザーもいるし、不妊治療の末に諦めた人、また諦めた後に自然妊娠・出産した人、パートナーと話し合って子どもを作らないと決めた人、本当にさまざまだ。その彼女たちの多くから、出産をめぐってさまざまなつらい言葉を周囲から投げかけられたと聞いた。ある友人は、初産で女児を産んですぐに夫の母から早く男児を産むよう求められて傷ついたという。

出産に関するコメントは、事ほどさようにデリケートな問題である。にもかかわらず、シングルマザーとして女児を出産したスポーツ選手をめぐり、週刊文春が「彼女の出産を支持するか」というアンケートを企画し、批判を受けて中止するという一件が起きた。

親戚や知人ですら出産をめぐる言葉には気を使うようになってきた昨今、なぜこんな無神経なことをしたのか。どんな結果であれ、当人には大きなストレスをもたらすだろう。それだけではなく、仮に「不支持」の人が多い結果となり、いつか彼女の娘が「自分の誕生は世間から支持されなかった」ことを知った時、どんな気持ちになるのかを想像できない、週刊文春関係者の神経に戦慄《せんりつ》した。

同誌は長い歴史を持ち、最近でも政治家をめぐるスキャンダルをスクープするなど、ジャーナリズムの一角で重要な役割を担っている。それだけに、こんなくだらない件でミソをつけるのはもったいないと思われてならない。

（2013年7月19日）

## 強制的な結婚の悪夢　少子化脱出の道筋探る

ある日、自宅に封筒が届く。差出人は住んでいる町の役所だ。中には「あなたは独身ですから、×月×日に町が主催するお見合い大会に参加してください。結婚して子どもを産むことは国民としての義務です。大会に参加しなかった場合には罰則があります」と書かれている。

これはもちろん現実に起こったことではない。今のまま少子化が進めば起こる可能性もあると、友人と話していたジョークなのだ。

でも、実はこれ、「まだ」起きていないだけなのかもしれないと、近頃はやや背筋が寒く感じている。東京都議会のヤジ問題。傲岸不遜《ごうがんふそん》な都議の品性下劣なヤジは、ほんの氷山の一角ではないのか。ああいった考え方を持つ人が都議会にしかいないとは思えない。

本当に誰もが結婚して子どもを産み育てなければいけないのだろうか。さまざまな理由で結婚できない、したくない人もいるだろうし、結婚をせずに子どもを持ちたい人もいれば、結婚をしても子どもは欲しくない人もいるだろう。また、同性愛者のカップルは実子をもうけることはできない。それをひとくくりにして、「結婚して子供を産め」とはあまりに乱暴、あまりに時代錯誤である。

冒頭のSFじみた暴挙に進む前に、やるべきことは他にある。経済的な理由や仕事への復帰をめぐって出産をためらっている人たちに対しては、財政的な援助や保育施設の充実を図る。また不妊治療への財政支援も広げる。不妊と言えば女性の問題という印象がまだまだ強いが、男性側が原因の場合もあることを周知し、男性が治療を受けることは恥ではないという考えを広げることも大切だ。さらに、実の親に育ててもらえない子どもは多い。養子縁組の仕組みをもっと柔軟にして、独身者や同性愛のカップルなどにも引き取りやすくする。

価値観は既に多様になっている。その現実をまず認識しなければ、問題は解決しない。下品な都議の下品なヤジの背景には、社会のひずみがあることも知っておくべきだろう。（２０１４年６月27日）

## 「平場」でも余計なお節介　独善的な価値観の押し売り

ご本人は親切か親心で言っているつもりでも、言われている側からすれば、これが実に大きなお世話なのである。東京都議会の超党派でつくる「男女共同参画社会推進議員連盟」の総会で、会長に就任した自民党の野島善司都議が「結婚したらどうだ、というのは僕だって言う。平場では」と報道陣に述べ、これがまたまた不適切発言だとして、後になって謝罪する事態になった。ちなみに「平場」とは普通の場所のことで、野島議員いわく、この場合はプライベートの場という意味らしい。

さて、ご存知のように、都議会では自民党の鈴木章浩都議（現・無所属）が２０１４年６月、晩婚化対策の質問をした塩村文夏議員に、「早く結婚したほうがいいんじゃないか」などとセクハラとも取れるヤジ発言をしたことが問題視されたばかり。「僕だって言う」の野島都議は、鈴木都議の発言は「議会での不規則発言は禁止されている。私生活を論評してはいけない」と一応のくぎを刺したうえで、問題なのは「発言者個人に対して開かれた場（議会）で言ったこと」などとした。そのうえで「結婚したらどうだ、というのは僕だって言う」などと述べたのだ。

しかし、これが余計なお節介なのである。世の中には男女を問わず、結婚したくてもさまざまな事情で結婚できない人もいれば、一生結婚しないと決めている人だっている。結婚の相談をされたのならともかくも、そうでないのなら自分の価値基準だけで「結婚したらどうだ」と言うのは独り善がりでしかない。

ところで新聞やテレビで野島議員の姿を拝見すると頭部が見事にはげている。この頭を見て「カツラをかぶればどうだ」「植毛もあるぞ」と言われたら、ご本人はどう思うだろうか。どの場であっても決していい気はしないだろう。それこそ余計なお世話、失礼千万な話であろう。だが、野島議員の「平場では」発言は、余計なお世話という意味でまったく同じ。謝罪は結構だが、この点はよくよく理解してほしいものである。

（２０１４年９月19日）

## 五輪と同性愛　ソチから東京へ変わるか

ソチ五輪での競技以上に気になるのが、同性愛をめぐる一連の騒動である。ロシアのプーチン大統領は、ソチ五輪ではアスリートが同性愛で差別されることはないと話した。同国が２０１３年に導入した同性愛宣伝禁止法が各方面から批判されたことを気にした発言だろう。ところが、今度はソチのパホモフ市長が「ソチには同性愛者はいない」と語り、またもや物議を醸している。

筆者は、同性愛者を差別する気持ちには到底なれないし、差別的な発言をする人を心底軽蔑している。筆者の友人には同性愛者が何人かおり、少数派の彼らとも同じ人間同士、良好な人間関係を結べていることが大きく影響している。

多数派の人々がたまたま異性を恋愛の対象とするのと同じように、少数派の彼らが恋する対象はたまたま同性である、たったそれだけの違いなのだ。恋愛感情はごく自然に湧いてくるものであって、異性愛者の男性は「よし、自分は女性を好きになろう」と言い聞かせて恋するのではない。ごく自然に異性を好きになる。それと全く同じことが同性愛者の心の中に起きているだけなのだ。

「日本人は同性愛には寛容だ」と思っている人もいるだろう。テレビ番組にいわゆるオネエキャラの活躍する場があることも、そう思う理由かも知れない。

だが、ある男性が同性愛者だと耳にすると、「オレ、襲われるかも。こわいなあ」とつぶやく日本人男性がいかに多いことか。そのたびに「なぜあなたが恋愛対象にならなきゃいけないんですか。自分はそんなに魅力的だと思いますか」と皮肉まじりに尋ねたくなる気持ちをおさえるのに苦労する。「男の同性愛者は気持ち悪いが、女の同性愛者は見てみたい」という、それこそ気持ちの悪い発言もよく聞く。

さて、ソチ五輪の同性愛騒ぎを、日本人は対岸の火事と傍観するわけにはいかない。2020年の東京五輪では、ソチとは違って、誰もが心穏やかに競技や観戦に集中できることを望みたい。

（2014年1月31日）

## 形骸化したハッピーマンデー　効果は出たのか

西暦で偶数年の5月5日は、筆者にとって緊張するがとても楽しみな一日だ。幼い頃に習っていたピアノを、大人になってだいぶ経ってから再び習い始めたのだが、この日は2年に1度の発表会が行われる日なのである。

発表会の前半にはソロのピアノ、中盤にはピアノとチェロなどの合奏、そして最後には歌もある。家にいると絶えず歌っているほど歌が大好きだった父が元気だった頃は、その父も出演した。筆者は前半にソロ、終盤には父の伴奏という忙しさだったわけだ。

数カ月、またはもっと長い時間をかけて準備をしてひとつの曲を仕上げるのは、素人とは言え大きな喜びや達成感を味わえる。古くからの友人たちが筆者の演奏をサカナに集まってくれて、再会を果たせるのもうれしい。何を弾こうか少しずつ頭をめぐらせ始めている。

ところが、この一大イベントへの参加に、暗雲がたちこめる展開となった。その「元凶」がいわゆる「ハッピーマンデー」の存在なのだ。祝日の日付を動かして月曜とし、週末との連休となるように、ハッピーマンデーの制度が導入されてしばらく経つのはご存知の通りだ。なかなか休みを取ろうとしない日本人たちが少しでも多く休暇を取るように、ひいては、それで旅行などの消費拡大を狙う、そんな目論見だったと記憶している。

だが、このハッピーマンデー、学校にとってはやっかいな存在なのだ。月曜の休日が増えれば、月曜の授業ばかりが休講になってしまう。大学では前期も後期もそれぞれに授業の回数が決められている。休みが多かった月曜の授業は、学期末になると違う曜日に振り替えて補う。だが、いくつかの大学を掛け持ちしている非常勤講師の人たちにとっては、違う曜日に授業を行うことは大変難しい。そんなこともあって、いくつもの大学で行われ始めたのが、月曜が祝日であっても授業を行うという措置なのである。

その流れは、筆者が勤務している大学にもやってきた。2013年4月からその制度が導入されることになった。2013年は5月6日の振替休日や7月の海の日を含む4つの祝日が授業日となった。

ふと2014年のカレンダーを見て青ざめた。5月5日が月曜なのだ。まだ授業日と決まったわけではないが、可能性は高い。仕事はもちろん大切だが、2年に1度しかないこの日の発表会もかけがえのない時間を与えてくれる。

ゆっくり休むために始めたはずのハッピーマンデーが形骸化しつつある今、どれほどの効果が出たのか検証すべき時期に来ているのではないだろうか。

（2013年2月15日）

## 5　政治を守るには

### "号泣県議"に学ぶ知恵　政務活動費をどう守るか

あぜんとした。兵庫県議会の野々村竜太郎議員の号泣会見である。まさに前代未聞の記者会見だった。

発端は政務活動費の使い方。県議の政務活動費の収支報告書によると、2013年の1年間で福岡と東京、兵庫県の城崎などを日帰りで約195回訪れ、計300万円もの交通費を請求していたが、カラ出張ではないのかという疑惑が飛び出した。これ以外にも切手を大量購入したり、日用品を政務活動費で賄っていたりと、どう考えても正当な政治活動に使ったとは思えない事案が大量に出てきた。県議が使途を明確に説明できない以上、不正があったと言われてもしかたない。

そして冒頭に書いた記者会見である。具体的な点を質問されても「記憶にない」と答え、最後は大泣きして記者をけむに巻く始末。

ただ、今回の問題は県議の一種独特なキャラクターに目を奪われがちだが、本質はそこにはない。貴重な税金である政務活動費を領収書なしでも使えてしまう甘さが、今回のような疑惑を生んだのだ。仮に県議がカラ出張を繰り返していたとしたら、不正を許してしまう土壌が議会や議会事務局の側にもあったということだろう。収支の報告に甘さがあるのは、議員は不正を働かないという性善説に立った考えがあるからだが、政務活動費をめぐってはあちこちの議会で不正が目立つ。ならばいいかげん、不正を防ぐ効果的な方策を考えなければならない。

ひとつの方法は議員の収支報告書や領収書を議会事務局での閲覧だけでなく、議会ホームページ、広報誌などで公開してしまうことだ。実際に、滋賀県大津市など複数の自治体ではホームページ等で広く情報を公開しており、税金の使い道の透明性を確保している。領収書が有権者に公開されるとなると、不届きな議員も不正使用をためらう。誰も見ない、誰も関心がないからこそ悪事が起こるのだ。人の目が光っていれば不正は起こりにくい。これには大した経費も要らない。大阪府、府下の市町村の各議会も考えてはいかがだろう。

（2014年7月11日）

## 職に要する倫理を学べ　有権者が納得する政治を

記者が取材先から「報道する前に記事（または映像）を見せて」と頼まれたらどうするか。答えは「見せない」である。取材先にとってありがたくない報道内容の時に、報道機関に圧力がかかりかねない。だから、ごく一部の社を除き、報道機関はそう定めている。報道機関が守る倫理規定は他にもあるが、筆者は記者になった時から研修などで「記者としてやってはいけないこと」のひとつとして叩き込まれた。

さて、政務活動費問題の解決にはさらなる情報公開が必要だが、それに加えて必要なのが、政治家が守るべき倫理を学ぶ場である。政治にはお金がかかる。まじめに政治に取り組む議員たちにとって、兵庫県議会の野々村竜太郎元議員の一件は迷惑でしかない。彼らの活動に欠かせない政務活動費のイメージが悪化し、政治家はカネに汚いという印象が増幅されてしまっているからだ。大金を目の前にすれば誰だって欲が出る。だからこそ、どう正しく使うかという教育は欠かせない。会派によっては新人議員向けの研修を行うところもあるらしいが、今回のように無所属の場合もあり、当選後には一律に受けさせるのが最適だろう。

そして、いざ規範を守れなかった場合には罰則も厳しくする。今回は今のところ、県議会の各会派が、野々村氏を虚偽公文書作成・同行使容疑で県警に刑事告発するにとどまっているが、税金を「盗んだ」のだから詐欺か業務上横領でその手口や原因を捜査すべきだ。

野々村氏以外にも怪しげな例は多い。中には不明朗な使い方をして、明るみに出た途端にお金を返す議員もいる。「バレたら返しさえすればいい」という感覚では、有権者は納得できない。また、前払い制度でまとまったお金をもらって後から報告するという、民間企業の感覚からすると「天国」のようなシステムも、もはやありえない。

いい政治にはお金がかかる。でも、正しく使ってもらえるならば、そのための税金を納めようと有権者は納得できるはずだ。

（2014年7月18日）

# 6 先達に学ぶ

## 70年前をたどる夏の夜　海軍志願の伯父が語る戦争

旧暦の迎え盆の前夜は、筆者の父が生まれ育った信州で親戚たちと集まって飲み食いする一族のならわしが、もう長く続いている。長い間にぎやかに座の中心にいた叔父や父がいなくなり、いとこや筆者の世代がとってかわるようになっても、その習慣は変わらない。

さて、80代後半になる伯父は、筆者が東京から大阪に移り住んで以来、毎年この集まりで会うたびに戦時中に大阪を訪れた話を必ず持ち出す。当時海軍にいた伯父は、軍艦の修理のために横須賀から大阪の造船所に来たのだという。

修学旅行で行った横須賀で軍艦の見学を許され、制服の格好よさに魅せられて海軍にどうしても入りたくなったこと。母親の猛反対を押し切って非常に若くして入隊したこと。親戚に連れられて長野から横須賀に着いた途端に寂しくなったこと。海軍ではまずさまざまなことを学んだ後にいくつかの潜水艦に乗り組んだこと。敵の攻撃で被害を受けた駆逐艦の修理のために大阪へ行ったこと。修理の現場で多くの朝鮮人が働いていたこと。普段は寡黙な伯父が淡々と語る約70年前の話に引き込まれた。

ただ、潜水艦の生活については「とにかく厳しかった」と繰り返すのみであまり詳しくは話してくれなかった。文字通り命がけの毎日だったのだろう。どんなに昔の話であっても、目の前にいる伯父が自ら見聞きし体験したという重みは、筆者の心にずっしりとのしかかった。

「高校野球が大好きでよく見てるけど……戦争になったらあの選手たちはみんな戦争に行くようになるんだ」と伯父はつぶやいた。「子どもたちに戦争に行きたいと思わせるような教育をしちゃいけないんだよ」。そうも語った伯父は、軍隊に憧れて自ら志願した当時を思い出していたのだろうか。教育に携わる筆者に訴えかけようとしたその言葉を、身の引き締まるような思いで受け止めた。

（２０１３年８月23日）

## 誕生日は母に贈り物を　出産に感謝する日

誕生日と言えばプレゼントがつきものだ。家族や親しい人から何かを贈られる人が多いだろう。筆者もそうであり、そういったプレゼントは本当にうれしい。

だが、その一方で、筆者は自分自身へのプレゼントも毎年贈るようにしている。筆者が一番欲しいものは常に「自分がやりたいことをのんびりとやっていられる時間」である。だから、誕生日には休暇をとるようにしてきた。ただし、急を要する仕事がなく、同僚に迷惑がかからない場合に限るという条件つきではあるが。

そんなふうに、誕生日というのは、その日に生まれた本人を祝う日なのだと長年考えてきた。しかし、きっかけは覚えていないのだが、本当にそれでいいのだろうかと少し前から疑問を覚えるようになってきた。

そして、その疑問が確信に変わったのは、永六輔《えいろくすけ》さんの話を聞いた時である。大阪市内のホテルで行われた「ピーコのおしゃれトーク」というディナーショーで、ピーコさん、おすぎさんと共に舞台に現れた永さんは、病気のために少し言葉が不自由になってはいたものの、確かな記憶力とたくみな話しぶりは健在で、会場に何度も爆笑を巻き起こした。

その中で強く印象に残ったのが誕生日の話である。永さんと、さだまさしさんの誕生日が同じ4月10日。ある年、2人は、同じく4月10日生まれの淀川長治さんのところへ行き、誕生日には3人で食事をして祝おうと持ちかけたらしい。すると、淀川さんは、誕生日というのは自分を産んでくれた母親に感謝すべき日だと一喝。母親が存命ならば会いに、もしすでに亡くなっているならばお墓参りに行くように言ったという。

筆者の母は小柄な人で、かなり大きい赤ん坊だった筆者を産む時には大変な難産だったと聞いている。半世紀近く経った今も母がよく話すということは、忘れがたいしんどさだったのだろう。私事だが、数日後には筆者の誕生日がやってくる。離れて住む母に花束を贈る手配を終えたところだ。


（2014年3月21日）

## 健さんの言葉を励みに　「縁あって選んだ」仕事

「負けたくないね。追っかけたい。縁あって俳優を選んだんだからね」。これは2014年11月10日に死去した俳優の高倉健さんが、その数年前にテレビのインタビュー番組で同じく俳優だった大滝秀治さんについて語った言葉である。

それまでも筆者が大好きで最も憧れる俳優は健さんだったが、その言葉でさらに熱が入った。不本意ながら俳優の道を選んだという彼が、「縁」として仕事を受け入れて人々の期待にこたえ続けてきたことを知って心を打たれたからだ。多くの実績を積み重ねてきた彼ならではの、重みのある言葉である。

筆者は健さんに直接お目にかかる機会には恵まれなかった。それでも、僭越《せんえつ》ながら「俳優」の部分に自分の職業を当てはめて座右の銘とまでするようになった。筆者の場合、別に不本意な就職だったわけでもないが、それでも仕事で面白くないことがあるたびにこの言葉に励まされている。

健さんに憧れ始めたのがいつだったのか、はっきりとは覚えていない。でも、「好きな男性のタイプは？」と聞かれると必ず「健さんみたいな人」と答えるようになって久しい。映画の中の寡黙で不器用で男らしい彼にひかれたのだろう。ちなみに、筆者の一押しは「駅 STATION」。酒場で紅白歌合戦の「舟唄」を静かに聴くシーンがたまらない。

実際には不器用でも静かでもなく、ずいぶんおちゃめな人だという話を時折耳にしていた。前述のインタビューで、明るくてユーモアにあふれ、細やかな心配りの人だと知って、ますますほれ込んだ。

死去のニュースが伝わってテレビ、新聞、ネット上で人々の発言を見るにつけ、多くの人にとって大きな存在を失ったのだと実感する。遠からずこんな悲しい日が来ると覚悟してはいたが、筆者もすっかり気落ちしている。いつの日か直接お会いしてみたいという無謀な夢はもうかなわないものとなってしまった。でも、冒頭の言葉は筆者の背中を押し続けてくれることだろう。このご縁をありがとう、そして、合掌。

（2014年11月21日）

コーヒーブレイク⑭

## ●取材相手を守り、気持ちや立場を慮ることの大切さ

記者が取材を行う時に欠かせないのは、取材相手の存在である。彼らがいなければ必要な情報を引き出すことができない。だが、情報を引き出すためなら何をしてもいいわけではない。取材相手の状況や心情を第一に考えなければ、相手の立場を悪くしたり、心の傷を負わせるような結果になりかねない。

取材される側は「自分の発言はきちんと世間に理解されるように誤りなく報道してもらえるのか」という「恐怖」にも似た感情を持っていることを忘れてはならない。特に、身分を隠して大切な情報を明かしてくれた場合には、どんなことがあってもその取材源は秘匿し守り抜くことが記者に課せられた義務である。

一方、何かの事件が起きるたび、被害者や遺族への取材が集中する「メディアスクラム」が問題となる。事件の中心にいる人の話を直接聞くからこそ、その事件の深刻さや本当の姿が多くの人に伝わるという意義はある。だが、取材相手に二重三重の被害を負わせないために十分な配慮をしつつ、最低限必要とされる話だけを聞くノウハウを記者が会得することが欠かせない。

# おわりに

記者から大学教員へ転じて7年余り、大阪日日新聞の週刊コラム掲載が始まって5年。自分が歩んできた道のりを目に見える形にまとめたいという強い思いを抱き続けてきたが、ようやくそれが実現する運びとなり、こみあげる喜びをおさえることができない。

筆者が行ってきたジャーナリズムに関する研究も教育も、道半ばどころか、まだ歩き始めたばかりである。だが、本書を読んでくださったみなさんには、ジャーナリズムを研究することの意義、大学生に対してジャーナリズム教育を行うことの大切さを感じ取っていただく一方で、日本の国内外で起きている状況を知ってそういう出来事への関心を高めるきっかけとしていただけることを願っている。本書が、真の意味での「グローバル市民」が増える一助となれば、幸いである。

本書執筆にあたっては、ナカニシヤ出版の米谷龍幸さんが、初めて本を出版する筆者に手取り足取りサポートしてくださった。大阪日日新聞の木下功さん、松村一雄さんには、コラム執筆の際に大変お世話になった。また、大阪の情勢を描写するにあたっては、フリージャーナリストの吉富有治さんにアドバイスをいただいた。ここで、皆様に厚く御礼申し上げたい。

## 参考文献

金井啓子（２０１１）「現場の声に学ぶマスメディア入門」（『近畿大学文芸学部論集「文学・芸術・文化」』２０１１年３月、第22巻２号）

金井啓子（２０１２）「海外メディアの研修制度――ロイターの場合」（日本新聞協会『新聞研究』２０１２年９月号、No.734）

藤井誠二（２００９）『大学生からの「取材学」――他人とつながるコミュニケーション力の育て方』講談社

総務省「放送分野におけるメディアリテラシー」（http://www.soumu.go.jp/main_sosiki/joho_tsusin/top/hoso/kyouzai.html　２０１５年３月10日）

**金井啓子**（かない　けいこ）
近畿大学総合社会学部准教授（専門：ジャーナリズム論）。東京・日野出身。Regis College（米マサチューセッツ州）および東京女子大学卒業。ロイター通信（現トムソンロイター）に18年間にわたりロンドン、東京、大阪で勤務。『ロイター発　世界は今日もヘンだった』（扶桑社）を特別監修。
「海外メディアの研修制度——ロイターの場合」（日本新聞協会『新聞研究』2012年9月号、No.734）を執筆。日本テレビ『世界一受けたい授業』、関西テレビ『スーパーニュースアンカー』、J:COMチャンネル『関西TODAY』への出演、ウォール・ストリート・ジャーナル日本版や大阪日日新聞でのコラム執筆の経験を持つ。

**コラムで学ぶジャーナリズム**
**グローバル時代のメディアリテラシー**

---

2015年9月9日　　初版第1刷発行

著　者　金井啓子
発行者　中西健夫
発行所　株式会社ナカニシヤ出版
〒606-8161　京都市左京区一乗寺木ノ本町15番地
Telephone　075-723-0111
Facsimile　075-723-0095
Website　http://www.nakanishiya.co.jp/
Email　iihon-ippai@nakanishiya.co.jp
郵便振替　01030-0-13128

---

印刷・製本＝亜細亜印刷／装幀＝白沢　正

ISBN978-4-7795-0974-2